KB251203

한국편목규칙의 표목부에 관한 연구

• 鄭馹謨教授指導 博士學位 論文 15 •

한국편목규칙의 표목부에 관한 연구

정 옥 경 著

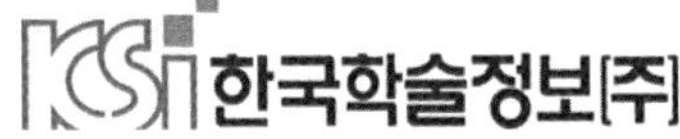

목   차

Ⅰ. 緒　論

A. 연구의 필요성과 목적

　현대의 편목규칙은 목록에 있어서 검색의 접근점이 되는 표목에 관한 사항을 규정하는 표목부와 이 접근점 하에서 자료의 서지적 실체를 식별하기 위한 서지기술사항을 규정하는 기술부로 대별된다. 그러나 韓國目錄規則 제3판은 다양한 정보자료 중에서 단행본에 대한 기술규칙만 규정하고 있을 뿐 표목부에 대해서는 전혀 규정하지 않고 있는 불완전한 편목규칙이다. 또한 「한국문헌자동화목록형식」 (KCRMARC Format)을 편찬하면서 이에 적용하기 위해서 편찬된 「한국문헌자동화목록법 기술규칙」(이하 KORMARC기술규칙)에서도 서지기술사항에 대한 기술규칙만을 규정하고 표목부에 대한 규정은 없다. 따라서 KORMARC기술규칙에 준해서 입력된 「한국문헌목록정보」(CD-ROM 1997. 가을판)에서 보면 표목 특히 인명표목에 있어서 대단히 중대한 문제가 발견된다.

　KORMARC Format에서는 100, 110, 111, 130의 기본표목 필드를 보면 "이 필드는 개인명이 기본표목으로 채택될 경우에 사용 한다"고 하였을 뿐 기본표목의 선정이나 그 기입형식은 어떻게 하라는 지시나 지침이 없다. 다만 한국정보관리학회의 「한국문헌자동화목록법에 관한 연구-단행본용 포맷」 에서는 "기본표목은 목록규칙에 의해 부여 된다"고 하였으나 구체적으로 어느 목록규칙인지를 알 수 없다. 다시 말하자면 KORMARC Format에서는 어떠한 기준에서 어떻게 선정하고 그것을 어떠한 형식으로 기술했던 상관없이 이미 선정된 기본표목을 컴퓨터에 입력하는 방식만을 규정하고 있다. 이는 KCR3에 표목부에 관한 규정이 없이 단행본의 서지기술부만으로 된 미완성 규칙 때문에 일어난 결과이다.

그러므로 목록작성의 통일성과 정확성을 기하고 표준화를 위한 도구로서의 역할을 완전하게 수행할 수 있는 편목규칙이 되도록 하기 위해서는 하루 빨리 KCR3의 표목부의 규정이 마련되어야 할 것이다. 이는 한국도서관계의 당면과제중의 하나라고 볼 수 있다. 특히 규칙과 포맷의 표준화라는 측면뿐만 아니라 일체성을 보장하기 위해서라도 KORMARC와 KCR의 각각의 제정이 아닌 통합된 규칙의 제정이 절실히 요구되고 있는 실정이다.

한편 MARC는 단순히 목록을 자동화한다는 의미보다도 목록의 서지기술방식을 국제적으로 표준화해서 세계의 모든 나라는 자국에서 발행되는 모든 출판물에 대해서 국가서지기관이 표준화한 서지기술방식에 따라 컴퓨터로 목록을 작성해서 자국의 모든 도서관 및 정보관리기관에 온라인으로 보급하는 동시에 외국에 대해서도 온라인으로 서지정보를 원활히 전달할 수 있도록 하기 위한 것이다.

MARC포맷에서는 본래 기본표목의 선정이나 기술형식에 대해서는 규정하지 않고 있을 뿐만 아니라 목록의 서지기술에 대해서도 별도로 규정하지 않고 다만 이미 표준화된 편목규칙에 따라 컴퓨터에 입력하는 방식만을 규정하고 있는 것이다. 그러므로 KORMARC의 기술규칙은 다만 KORMARC에서만 볼 수 있는 예외적인 것이다.

본 연구의 목적은 현재 일반화되고 있는 온라인환경에 부합되는 새로운 한국편목규칙의 표목부에 대한 일련의 합리적인 규칙을 정립하기 위한 방안을 제시하는데 있다.

B. 연구방법과 범위

본 연구는 이상과 같은 목적을 달성하기 위해서 다음과 같은 절차와 방법에 따라 연구를 수행하였다.

첫째, 국제적으로 표준화된 편목규칙으로 공인된 영미편목규칙(AACR) 표목부의 변천과정을 분석 고찰하고, 표목부의 용어와 체계 문제를 분석하였다.

둘째, ICCP의 '제 원칙에 관한 성명'이 한국편목규칙에 어떻게 수용하였는지를 비교 분석하였다.

셋째, 韓國目錄規則 제2판(이하 KCR2) 표목부에 있어서의 문제점을 AACR2R에서의 해당 규칙과 비교 분석하였다.

넷째, 韓國目錄規則 제3판(이하 KCR3)에 있어서의 표목부와 관련된 문제를 분석하였다.

다섯째, 한국문헌목록정보(CD-ROM 1997, 가을판)의 표목에 나타난 문제점을 분석하였다.

여섯째, 기본표목의 선정문제와 표목에 사용되는 문자와 그 형식에 있어서 한국에서의 문제점을 분석하였다.

일곱째, 표목에 대한 전거통제를 위한 레코드 작성법을 제시하였다.

이상과 같이 분석 평가된 자료를 근거로 하여 온라인환경에 부합되는 새로운 한국편목규칙의 표목부에 대한 일련의 합리적인 규칙을 정립하기 위한 원칙과 구체적인 방안을 제시하였다. 한편 본 연구의 직접적인 분석대상 자료로는 ICCP의 '제 원칙에 관한 성명', AACR, AACR2, AACR2R, KCR2, KCR3.1, 한국문헌목록정보, GARE 등을 사용하였다.

C. 선행연구

편목규칙이 편목의 통일성과 정확성을 기하기 위한 도구라는 점에서 목록의 표준화를 달성하고자 하는 노력은 편목규칙의 탄생과 더불어 시작되었다고 할 수 있다. 특히 각국의 서지정보가 국제적으로 유통됨에 따른 목록의 국제적인 표준화가 요청되고 있다. 이에 부응하여 1961년에는 소위 파리원칙의 채택으로 검색과 배열의 기준이 되는 표목과 저록요소가 표준화되었다. 파리원칙이 AACR을 비롯해서 각국의 편목규칙 표목부의 개정에 반영되어 왔다.

1970년대 정보의 전산화가 추진되면서 국제적으로 서지정리방법의 표준화와 서지정보의 유통을 원활하게 하기 위해 국제표준서지기술법(ISBD)이 출현하게 되었다. MARC의 등장과 더불어 ISBD와 ISO2709, UNIMARC 등의 국제적 표준이 잇따라 지정되고, 이러한 규칙들이 각국의 목록규칙에 적극적으로 수용되면서 기계가독서지데이터의 국제적 상호교환을 위한 기틀이 마련되고 있다.

따라서 수작업의 카드목록시대에 적용하도록 제정된 편목규칙은 오늘날 대부분의 도서관들이 수행하는 자동화환경에 적용하기에는 상당히 많은 문제점이 있으므로 개정의 필요성을 인식하고 있다.

1. 국내의 연구현황

편목규칙의 표목부에 관한 국내의 연구동향을 분석해 보면 다음과 같다.

정용선은 '저자기본기입원칙이 시대에 뒤떨어진 개념을 보유하고 있음을 지적하고 현대기술과 이론의 견지에서 재평가되어야 한다'[1]고 지적하고 있다.

남태우 교수는 "종래의 기본저록은 기계화 이전의 기술에 근거한 기술상의 한계에서 생긴 것이며 현대의 기술에 의한다면 동등한 중요한 가치를 가지는 접근점을 다수 설치할 수 있으므로, 기본저록은 필요치 않게 될 것은 의심의 여지가 없다"2)고 주장하고 있다.

김태수는 '온라인목록의 실현으로 모든 기입이 대등한 접근점을 갖게 되었음을 강조하고, 저자기본기입법의 의미가 약화되었음을 표명하는 한편 서명기입의 우위성을 강조하고 있다.' 따라서 "앞으로의 편목규칙에서는 저자기본표목을 배제하고 KCR3에서 채용하고 있는 것과 같이 서명으로 시작하는 기술방식의 도입이 요청된다"3)고 주장하고 있다. 또한 그는 "접근점이라는 관점에서 보면 기본표목도 다수의 접근점의 하나일 뿐이므로, 기본표목을 무엇으로 선정하느냐가 관련 레코드 간의 서지적 관계유형을 표현하므로 표목과 표목을 연결하는 현행 목록구조가 직접 저록 간을 연결하는 구조로 변경될 것이기 때문에 기본표목을 규정하는 것은 의미가 없다. 앞으로는 이용자가 사용하는 모든 형식의 접근점을 사용할 수 있는 전거시스템의 개발을 통하여 외부 데이터베이스를 자관의 목록과 통합하고 아울러 서지적 관계유형을 표현하고 연결하는 목록구조의 개발이 요청된다"4)고 주장하고 있다.

오동근은 "ISBD의 출현 이후 최근에는 서명을 기본표목으로 하는 자료들이 점차 늘어 가게 됨에 따라 표목으로서 서명을 처리하는데 있어서의 기준이 더욱 중요시되고 있다"5)고 지적하고 있다.

---

1) 정용선. 기본기입의 이론과 역사적배경: 영. 미 중심으로. 이화여대 도서관학과 창립20 주년기념논문집. 이화여대출판부, 1979. pp. 247~291.
2) 남태우. 目錄에 있어서의 標目法의 變遷考: 특히 英美系 目錄規則을 中心으로. 석사학위 논문, 중앙대학교, 1982. p. 150.
3) 김태수. 독일목록규칙의 주기입법에 관한 연구. 박사학위논문, 연세대학교, 1991. p. 101.
4) 김태수. 표목의 기능에 관한 연구. 정보관리학회지 제12권 제2호, 1995. 12. p. 32.
5) 오동근. 編目規則과 MARC포맷에 있어서 東洋資料의 書誌的 記述에 관한

이상에서 보는 바와 같이 편목규칙의 표목부에 있어서 서명기본표목의 방식이 요구된다거나 또는 기본표목이 불필요하다는 주장이 제기되고 있으나 그에 대한 구체적인 방법을 제시한 연구는 아직 발견되지 않고 있다.

한편 정필모 교수는 "온라인목록에서는 가능한 한 저자명을 기본표목으로 선정하는 것이 바람직하다고 판단된다. 그러나 이 기본표목은 그것이 도서기호의 대상이 되고, 동시에 분류번호와 함께 자료의 서가배열의 기준이 되며, 따라서 기존의 서가배열체계와 앞으로의 배열체계가 달라져서 혼란이 야기됨으로 이를 신중히 검토해야 할 것이다"6)라고 주장하고 있다. 다시 말하면 온라인환경에서 접근점으로서의 기본표목이란 의미가 없지만, 관리적인 측면에서는 기본표목이 필요하다. 만일 기본표목에 대한 규정이 없을 경우에는 동일저자의 동일한 주제, 동일한 내용의 저작을 동일한 장소에 집결시킨다고 하는 분류의 원칙에도 위배될 뿐만 아니라 서가배열에 있어서도 대단히 큰 혼란이 야기될 가능성이 많기 때문이다.

2. 외국의 연구현황

외국의 선행연구들을 살펴보면 온라인환경에서는 종래의 편목규칙 전반에 대하여 혁신적인 변화가 있어야 한다는 주장이 있는 한편 표목부에 대한 변화가 필요하다는 주장도 있다.

편목규칙 전반에 대한 혁신적인 변화를 주장하는 사람의 예를 들면 다음과 같다.

Michael Gorman은 "미래의 전자목록은 근본적으로 새로운 규칙을 필요로 한다고 생각하고, 특히 온라인서지통정시스템이라는 온라

比較分析. 박사학위논문, 중앙대학교, 1991. p. 113.
6) 정필모. 온라인환경에서의 편목법. 도서관학논집, 제25집. 1996. p. 15.

인목록의 도래와 도서관네트워크의 구축과 발달이 편목실무에 큰 영향을 끼치고 있으므로 편목규칙에 훨씬 더 많은 변화가 있을 것"7)이라고 예견하고 있다.

Michael Carpenter는 "온라인목록의 새로운 세대를 위한 데이터베이스관리 기술이 개발되기 전에, 그리고 오래된 사고방식들이 대규모 파일에 더욱더 희망 없이 처리되기 전에 전문가는 이제 온라인시대를 대비한 새로운 편목규칙을 작성해야 한다"고 주장하고, "미래의 전자목록은 서지레코드에 대한 접근을 제공하는 규정이 재설계되어야 할 것이다. 따라서 각국의 편목규칙은 MARC포맷과 상호의존적이므로 서지레코드의 코딩과 내용을 함께 다루는 한 개의 기준으로 통합되어야 할 것"8)이라고 주장하고 있다.

한편 표목부에 대한 변화가 필요하다고 주장하는 사람의 예를 들면 다음과 같다.

Arnold S. Wajenberg는 '온라인목록을 위한 규칙은 결국 표목의 선택과 형식에 대한 규칙에서는 대단히 많은 급진적인 변화를 강요할 것'9)이라고 주장하고 있다.

한편 Ben R. Tucker는 미래의 온라인환경과 관련하여 AACR2R에 있어서의 "표목의 형식을 위한 규칙에 있어서는 거의 변경이 없을 것이고, 기본표목의 선택을 위한 규칙에서는 몇 가지의 조정이 있을 것"10)이라고 주장하였다.

---

7) Michael Gorman, "After AACR2R : The Future of the Anglo-American Cataloguing Rules." In: *The Origins, Content, and Future of AACR2 Revised*. ed. by Richard P. Smiraglia. Chicago, ALA, 1992.

8) Michael Carpenter. "Does Cataloging Theory Rest on a Mistake?." In: *The Origins, Content, and Future of AACR2 Revised*. ed. by Richard P. Smiraglia. Chicago, ALA. 1992: pp. 95~102.

9) Arnold S. Wajenberg, "The Future of Cataloging Standards." *Illonois Libraries*, vol.72, no. 6, 1990: pp. 494~497.

10) Ben R. Tucker. Interpretation of 1988 Revision. In; *The Origins, Content, and Future of AACR2 Revised* ed. by Rechard P. Smiraglia. Chicago, ALA. 1992. p. 41.

또한 R. Conard Winke는 'AACR2 제21장을 완전히 개정할 필요가 있다고 주장하고', 'MARC포맷의 1XX 기본표목에 대한 필드가 퇴화되어 갈 것이며, 많은 도서관들은 1XX필드를 그들의 커터 저자기호 매김에 사용함에 따라 이 커터저자기호표시가 포맷에 편입이 필요하다'11)고 주장하고 있다.

이상에서 보는 바와 같이 '종래의 편목규칙 전반에 대한 혁신적인 변화를 요한다는 주장'이나, '표목부에 대한 변화가 필요하다는 주장'도 다만 예측일 뿐이다. 그리고 특히 표목부에 대한 실제적인 연구는 아직 외국의 문헌에서도 발견되지 않는다.

---

11) R. Conard Winke, "Discarding the Main Entry in an Online Cataloging Environment." In; *Cataloging & Classification Quarterly*. vol. 16, no.1, 1993. pp. 53~70.

Ⅱ. AACR 표목부의 변천과정과 체계문제

본장에서는 1961년에 국제편목원칙회의(ICCP)에서 채택한 '제 원칙에 관한 성명'(Statement of Principles)과 이에 따라 AACR의 표목부에 대한 규칙을 국제적으로 표준화하기 위해서 노력해 온 배경과 과정을 살펴보고, AACR과 MCR2, AACR2와 AACR2R을 비교분석하여, AACR2R에 있어서 표목부의 문제점과 개선방안을 제시하였다.

A. ICCP와 AACR

미국도서관협회(이하 ALA로 통용함)와 미국의회도서관(이하 LC로 통용함)의 협동적인 노력으로 1949년에 각각 편찬된 *Rules for Descriptive Cataloging in the Library of Congress*[1]와 *ALA Cataloging Rules for Author & Title Entries*[2]로 나뉘어 각각 LC와 ALA에서 발행한 바 있다. 이들 중에서 LC에서 편찬된 '목록기술규칙'은 매우 단순화된 규칙으로서 전문가들에게 일반적으로 만족스럽게 받아들여졌으나 ALA에서 편찬한 '저자와 서명표목을 위한

---

1) Library of Congress. *Rules for Descriptive Cataloging in the Library of Congress.* Washington, Library of Congress, 1949.
2) American Library Association. *ALA Catalogng Rules for Author & Title Entries.* Chicago, ALA, 1949.

규칙'은 Seymour Lubetzky로부터 '형식주의에서 기능주의로 규칙주의에서 실용주의로 그리고 복잡한 규칙에서 간소화된 규칙으로 전환하는 과정으로 목록원칙을 기초로 한 기존목록규칙의 재검토를 주장하는 등 모순점이 많다'는 비판을 받았다.3) 따라서 Lubetzky를 중심으로 한 규칙개정작업이 추진되어 규칙초안과 골격이 작성됨으로써 1960년에 ALA에서 이를 발표하였는데 주요 내용은 다음과 같다.4)

  1) 각 규칙의 표현은 분명한가
  2) 다의적으로 해석되는 곳은 있는가
  3) 목록의 기입 작업상 일어나는 문제들이 포괄되어 있는가
  4) 이에 의해 만들어진 목록의 방책과 전개가 이용자에게 납득할 수 있는가(실용성)
  5) 현 규칙(MCR2판)과 비교해서 목록작업상 보다 더 경제적이며 목록 이용상 보다 더 알기 쉬운가
  6) 규칙을 시행에 옮기는데 드는 경비를 감당할 만큼 훌륭한가
등의 6가지 항목에 대한 평가를 하게 되었다.

한편 국제도서관협회연맹(International Federation of Library Associations and Institutions: IFLA)은 편목규칙을 국제적으로 통일하기 위한 목적으로 1961년에 파리에서 국제편목원칙회의(International Conference on Cataloging Principles: ICCP)를 개최하였다.5) 본 회의의 목적은 1957년 7월 런던에서 개최되었던 예비회의에서 정한 바와 같이 저자·서명의 자모순목록에 있어서 기입의 선택과 형식을 결정하는 기본원칙에 도달하기 위함이다. 이 회의에서 전술한바와 같이 Lubetzky의 목록규칙초안(Code of Cataloging Rules: Author and Title Entry, an Unfinished Draft)을 심의하고 이를 토대로 하여 목록

---

3) Seymour Lubetzky. *Cataloging Rules and Principles: A Critique the ALA Rules for Entry and a Proposed Design for Their Revision*. Washington, Library of Congress, 1953.
4) Paul S. Dunkin. *Cataloging U.S.A.* Chicago ALA, 1969. p. 4.
5) Ibid. p. 17.

을 국제적으로 표준화하기 위한 편목원칙을 설정하고 '편목원칙에 관한 성명'(Statement of (Cataloging) Principles)[6]을 채택하였다. 이것은 Lubetzky의 목록규칙초안을 그대로 채택한 것이다.

이 성명의 주요한 내용은 기본표목의 선정과 그 형식에 관한 제원칙이다. 그러나 그 용어에 있어서 이 원문에서는 주로 '저자명 아래의 기본저록'(Main entry under the author's name), 혹은 '서명 아래의 기본저록'(Main entry under the title)이라는 용어를 사용하고 있다. 이것은 목록의 표목부와 기술부가 독립적인 개념으로 분리되지 않았던 전통적인 개념이다. 그리하여 AACR에서는 아직도 이 전통적인 개념을 유지하고 있다.

그러나 1974년에 완성된 국제표준서지기술법(ISBD(M))은 목록의 기술부와 표목부가 완전히 독립성을 가지게 하였고, 특히 카드목록의 경우 기술부가 작성된 다음에 이에 대한 접근점을 제공하기 위해서 기본표목, 부출표목, 분출표목 등을 제시하게 됨으로 표목부와 기술부가 서로 상호적인 개념을 가지게 된 것이다. 그리하여 여기에서는 편의상 '저자명하의 기본저록'(main entry under the author's name)을 '저자명기본표목'(main heading of the author's name)으로, 또한 '서명 하의 기본저록'(main entry under the title)을 '서명기본표목'(main heading of the title)이라고 변환해서 사용하고자 한다.

"편목원칙에 관한 성명"은 모두 12개조 30개항 35개의 세목으로 구성되어 있는데 총론부에 해당하는 부분이 제1조부터 제7조까지 7개조 12개항이고, 표목부에 대한 핵심적인 규정이 제8조부터 제12조까지 5개조에 18개 항목이다. 여기에서는 우선 총론부에 해당하는 내용을 요약하면 다음과 같다:

---

6) IFLA. *Statement of Principles Adopted at the International Conference on Cataloging Principles*. Paris, October, 1961. Annotated edition with commentary and examples by Eva Verona. London, IFLA Committee on Cataloguing, 1971.

여기에 제시된 편목원칙은 標目의 선택과 그 형식, 그리고 저록의 배열순서를 결정하는 기본요소가 되는 標目語에 대해서만 적용된다. 특히 이들 표목 중에서도 基本著錄의 앞에 표출되는 基本標目의 선택과 그 형식을 설정하는 것을 위주로 하고 있다.

목록은 도서관이 소장하고 있는 특정한 도서를 저자명이나 서명 등에 의해서 효과적으로 찾아내기 위한 도구이다. 목록은 이러한 기능을 수행하기 위해서 각 도서에 대해서 최소한 하나의 著錄을 포함해야 하며, 그 저자가 둘 이상의 이름으로 알려져 있거나, 저자명이 불확실하거나, 혹은 그 도서가 여러 가지 서명으로 알려진 저작을 포함하고 있는 경우 등 어떤 도서에 관련해서는 두 개 이상의 著錄을 포함한다.

각 도서에 대한 기본저록은 그 도서를 식별하는데 필요한 모든 사항을 기술하는 완전한 著錄이 된다. 기타의 저록은 기본저록을 기초로 해서 여기에 다른 표목을 표출한 부출저록이 있고, 혹은 독자들에게 그 목록에 있어서의 다른 곳으로 지시해주는 참조가 있다.7)

다음으로 '편목원칙에 관한 성명' 중에서 표목의 선택과 그 형식에 관한 원칙을 요약하면 다음과 같다:8)

8. 단일 저자의 저작
단일의 개인저자로 확인된 저작에 대해서는 저자명을 기본표목으로 한다.
9. 단체저자의 저작
　9.1 한 단체의 책임 하에 발행된 저작에 대해서는 그 단체명을 기본표목으로 한다.
　9.2 헌법, 법률과 조약, 그리고 비슷한 특성을 가진 기타의 저작

---

7) IFLA. *Statement of Principles Adopted at the International Conference on Cataloging Principles.* Paris, October, 1961. Annotated edition with commentary and examples by Eva Verona. London, IFLA Committee on Cataloguing, 1971. pp. xiii-xiv.
8) Ibid. pp. xv-xviii.

에 대해서는 洲名이나 혹은 기타의 지방관청의 명칭과 그 자료의 특성을 표시하는 공식적인 혹은 전통적인 標題名을 기본표목으로 한다. 필요하면 실제의 標題를 부출표목으로 한다.

9.3 상급단체에 종속되어 있는 한 단체의 저작은 그 종속 단체명을 기본표목으로 한다.

10. 복수저자의 저작

둘 이상의 저자가 한 저작의 창조에 분담했을 경우

10.1 만일, 한 저자가 그 도서에 주저자로 나타나 있고, 다른 사람은 종속적이거나 혹은 보조적인 역할을 수행하였으면, 그 저작에 대해서는 주저자명을 기본표목으로 한다.

10.2 만일 주저자로 나타난 저자가 없으면, 표제지에 처음에 기재된 저자명을 기본표목으로 하고, 만일 저자의 수가 2-3명이면, 기타의 저자명은 부출표목으로 하며, 만일 저자의 수가 4인 이상이면, 그 저작의 서명을 기본표목으로 하고, 그 도서에 처음에 기재된 저자명과 기타의 저자들은 필요에 따라 많이 나타난 저자명을 부출표목으로 한다.

10.3 전집

여러 저자들의 독립적인 저작이나 혹은 여러 저작의 부분으로 구성된 한 전집은;

10.31 만일 하나의 종합서명이 있으면, 全集의 書名을 기본표목으로 하고;

10.32 만일 종합서명이 없으면, 그 전집의 첫 번째 저작의 著者名이나 혹은 그 書名을 기본표목으로 하며;

10.33 만일 편집자명이 표제지에 월등하게 나타나 있으면, 編輯者名을 기본표목으로 하고, 그 서명은 부출표목으로 한다.

10.4 만약 한 저작의 연속적인 부분이 다른 저자들의 저작이면 첫 부분의 저자를 기본표목으로 한다.

11. 서명 기본표목

11.1 서명을 기본표목으로 하는 저작은;

11.11 어느 저자의 저작인지 확인되지 않은 저작

11.12 4인 이상의 저작으로서 주저자가 없는 저작

11.13 서로 다른 저자들의 독립적인 저작이나 혹은 저작의 부분의 전집이한 종합서명 하에 발행된 경우

11.14 (연속간행물과 정기간행물을 포함해서) 주로 또는 관례적으로 저자명보다는 서명으로 알려진 저작

11.2 서명 하에 기입된 저작에 대한 통일표목은 그 원서명이거나 혹은 그 저작의 여러 판본에서 가장 빈번히 사용된 서명이여야 한다;

그러나 만약 그 저작이 한 관습적인 서명으로 일반적으로 알려져 있으면, 그 통일서명은 관습적인 서명이 된다.

11.3 여러 권호나 연속적인 부분이 서로 다른 서명을 가진 저작에 대한 통일서명은 그 부분이나 권호의 대부분이 또 다른 서명을 가지지 않는 한 그 첫 부분의 서명이 된다.

11.4 한 연속간행물이 서로 다른 서명 하에 연속적으로 발행되는 경우에는, 그 서명을 가지는 연속간행물의 각각의 서명을 기본표목으로 하고, 최소한 바로 직전이나 직후의 서명을 표시한다. 그러나 만약 서명의 상이점이 사소한 것이면, 전반적인 권호에 대해서 가장 빈번히 사용된 형식을 통일표목으로 채택한다.

11.5 다국간의 국제조약이나 대회의 그리고 뚜렷한 서명이 없이 발행되는 기타의 어떤 범주의 간행물은 그 저작의 형식을 반영하기 위해서 채택된 통일 관행표목을 기본표목으로 한다.

12. 개인의 인명에 대한 표목어

한 개인저자의 인명이 여러 개의 낱말로 이루어졌으면, 표목어의 선택은 가능한 한 그 저자가 속해 있는 나라에서 통용되는 관례에 의해서 결정하거나, 혹은 만일 이것이 불가능하면, 그 저자가 일반적으로 사용하는 언어에서 일반적으로 통용되는 관례에 의

해서 결정한다.9)

　이상에서 보는 바와 같이 '편목원칙에 관한 성명'은 개인저자이던 단체저자이던 저자명을 기본표목으로 하는 것을 원칙으로 하고, 주저자가 없는 4인 이상의 共著이거나, 저자명을 알 수 없는 著作이거나, 종합서명이 있는 全集 등의 경우에 한해서 서명을 기본표목으로 하도록 규정하고 있는 것이다. 그리하여 이 원칙이 편목규칙의 국제적인 협력에 기여하게 된 것이다.

　그러나 이 '편목원칙에 관한 성명'은 국제적인 편목규칙을 위한 하나의 원칙일 뿐 구체적인 규칙은 되지 못한다. 그러므로 이 편목원칙을 기초로 하여 미국 영국 및 캐나다의 도서관협회의 협동으로 ALA Cataloging Rules를 개정하게 되었던 것이다. 그리하여 3개국 대표 사이에 비록 규칙전반에 대한 완전한 합의에는 이르지 못했으나 개정판의 제명을 *Anglo-American Cataloging Rules* (AACR)라고 명명한다는데 합의하였다.10) 그러나 편목규칙개정위원회는 미국 영국 캐나다 3국이 끝내 완전한 합의를 보지 못한 부분을 각기 분리 삽입하여 1967년에 북미판과 영국판으로 나누어 발행하였다.11)

　이 AACR은 전체를 3부로 구성하여 제1부는 표목, 제2부는 기술, 제3부는 비도서자료에 관한 것으로 대별하고, 또한 다수의 장에서 규칙을 일반규칙과 특별규칙으로 구별하였다.12) 이 규칙 중에서 특히 표목의 선정과 그 형식에 관한 문제를 규정한 제1부는 국제편목원칙회의(ICCP)에서 채택한 '편목원칙에 관한 성명'을 기초로 한 것

---

9) IFLA. Statement of Principles Adopted at the International Conference on Cataloging Principles. Paris, October, 1961. Annotated edition with commentary and examples by Eva Verona. London, IFLA, Committee on Cataloguing, 1971. pp. xiii-xviii.

10) American Library Association. *Anglo-American Cataloging Rules, North American Text*. Chicago, ALA, 1967. p. vi.

11) Ibid. p. 371.

12) Ibid. pp. 5~6.

으로 표목부에 관한 한 국제표준의 편목규칙이라고 말할 수 있다.

그리하여 여기에서는 '편목원칙에 관한 성명' 중에서 표목의 선택과 그 형식에 관한 핵심적인 내용이 AACR에 그대로 수용되었는지의 여부를 밝히기 위하여 서로 해당하는 조항을 다음과 같이 대비 분석한 바 그 결과는 다음과 같다.

ICCP:

8. 단일저자의 저작

　　단일의 개인저자로 확인된 저작에 대해서는 저작자명을 기본표목으로 한다.

9. 단체저자의 저작

　　9.1 한 단체의 책임 하에 발행된 저작에 대해서는 그 단체명을 기본표목으로 한다.

AACR:

1. 단일저자의 저작

　　A. 단일저자에 의한 단일저작, 저작집, 혹은 저작선집은 그 저작에 저작자명이 나타나 있거나 없거나 간에 그 저자인 개인명이나 단체명을 기본표목으로 한다.

이상과 같이 단일저자의 경우 ICCP에서는 개인저자의 저작과 단체저자의 저작을 각각 나누어 규정하였으나, MCR에서는 개인이던 단체이던 단일저자의 저작을 한데 묶어서 하나의 조항으로 규정하고 있으며, 특히 저자의 확인여부에 관계없이 저작자를 기본표목으로 한다는 AACR의 규칙은 상당히 애매모호한 표현이라고 할 수 있다.

ICCP:

9. 단체저자의 저작

9.2 헌법, 법률과 조약, 그리고 비슷한 특성을 가진 저작에 대해 서는 洲名이나 혹은 기타의 지방관청의 명칭과 그 자료의 특성을 표시하는 공식적인 혹은 전통적인 표제명을 기본표목으로 한다.

AACR:

20. 법률등

A. 하나의 관할구역을 통치하는 법률. 입법부의 입법 대신에 공포된 행정수반의 법 및 포고 등은 다음에 표시하는 하나의 부표목을 동반한 법에 따라 통치되는 관할구역의 명칭을 기본표목으로 한다.

B. 한 관할구역 이상을 통치하는 법률.

　　1. 둘 또는 셋의 관할구역을 각각 통치하는 법률을 편집한 것은 처음에 기재된 구역명을 기본표목으로 하고.

　　2. 셋 이상의 관할구역을 통치하는 법률을 편집한 것은, 만일 편찬자명 또는 편찬 단체명이 표제지에 기재되어 있을 경우에는 편찬자나 편찬 단체명을 기본표목으로 한다.

21. 행정법규

A. 입법부의 법제정에 따라 허용된 권한에 의하여 채택된 법규, 조례 등은 공포한 기관을 기본표목으로 한다.

22. 헌법 및 헌장

A. 정치적인 관할구역

　　1. 정치적인 관할구역의 헌법 또는 현장은 그 관할구역을 기본표목으로 하고, 해당하는 헌법이나 현장을 부표목으로 부기한다.

이상에서 보는 바와 같이 ICCP에서는 헌법, 법률과 조약, 및 비슷한 특성을 가진 기타의 저작에 대해서 개략적인 원칙만을 규정하였으나, MCR에서는 법률에 대한 규칙을 특별규칙으로 하여 각각의 법률과 그와 유사한 자료들을 각각의 특성에 따라 규칙20-26조항에 이르기까지 별도로 구체적으로 규정하고 있는데 기본적인 원칙의 차이는 없다.

ICCP:

9.3 상급단체에 종속되어 있는 한 단체의 저작은 그 종속 단체명을
    기본표목으로 한다.

AACR:

18. 단체 또는 종속단체

A. 명확하고 월등하게 한 단체의 하부기관에서 발행한 것이라고 생
   각되는 한 저작은, 그 하부기관이 단순히 그 모체기관의 정보나
   출판기관으로 활동하는 것이 아니면 그 하부기관명을 기본표목
   으로 한다. 이 경우는 모체기관명을 기본표목으로 하고, 하부기
   관의 표목으로부터 설명참조를 작성한다.

이상에서 보는 바와 같이 ICCP의 원칙과 AACR의 규칙 사이에
는 약간의 차이가 있다. 즉 AACR에서는 '한 단체의 하부기관에서
발행된 것이 명확하면 그 하부기관명을 기본표목으로 한다. 그러나
일반적으로는 그 모체기관명을 기본표목으로 한다'는 것이다. 다음
은 복수저자의 저작에 대한 표목선정의 문제이다.

ICCP:

10. 복수저자의 저작

   둘 이상의 저자가 한 저작의 창조에 분담했을 경우

10.1 만일, 한 저자가 그 도서에 주저자로 나타나 있고, 다른 사람
     은 종속적이거나 혹은 보조적인 역할을 수행하였으면, 그 저작
     에 대해서는 주저자명을 기본표목으로 한다.

10.2 만일 주저자로 나타난 저자가 없으면, 표제지에 처음에 기재된
     저자명을 기본표목으로 하고, 만일 저자의 수가 2-3명이면, 기
     타의 저자명은 부출표목으로 하며, 만일 저자의 수가 4인 이상
     이면, 그 저작의 서명을 기본표목으로 하고, 그 도서에 처음에
     기재된 저자명과 기타의 저자들은 필요에 따라 많이 나타난

저자명을 부출표목으로 한다.

AACR:

3. 분담된 저작

　A. 주저자명이 표시된 경우: 한 분담된 저작은 만약 어떤 사람이 주저로 표시된 것이면 … 그 개인명이나 단체명을 기본표목으로 한다.

　B. 주저자명이 표시되지 않은 경우:

　　1. 만약 주저자로 표시된 사람이 없고, 그 저자들이 세 사람 미만이면 첫 번째로 기명된 저자를 기본표목으로 한다.

　　2. 만약 주저자로 표시된 사람이 없고, 저자들이 네 사람 이상이면, 그리고 그 저작이 표제지에 기명된 한 저자의 지시 하에 발행된 것이 아니면, 그 서명을 기본표목으로 한다.

이상에서 보는 바와 같이 분담된 저작으로서 주저자명이 표시되지 않은 경우 ICCP에서는 하나의 조항으로 규정했으나, AACR에서는 분담된 저자의 수가 세 사람 미만의 경우와 네 사람 이상의 경우로 구분하여 두 개의 조항으로 규정한 것 이외에는 서로 다른 점이 없다.

ICCP:

10.3 전집

　여러 저자들의 독립적인 저작이나 혹은 여러 저작의 부분으로 구성된 한 전집은;

　10.31 만일 하나의 종합서명이 있으면, 全集의 書名을 기본표목으로 하고;

　10.32 만일 종합서명이 없으면, 그 전집의 첫 번째 저작의 著者名이나 혹은 그 書名을 기본표목으로 하며;

　10.33 만일 편집자명이 표제지에 월등하게 나타나 있으면, 編輯者名을 기본표목으로 하고, 그 서명은 부출표목으로 한다.

10.4 만약 한 저작의 연속적인 부분이 다른 저자들의 저작이면 첫 부분의 저자를 기본표목으로 한다.

AACR:

5. 전집(collections)

    A. 종합서명이 있는 경우. 만약 서로 다른 저자들에 의한 독자적인 저작의 한 전집이, … 종합서명을 가지고 있으면, 그 종합서명을 기본표목으로 한다. 혹은 표제지에 편찬자나 편집자라고 기명되었으면, … 그것을 편찬한 개인명을 기본표목으로 한다.

    B. 종합서명이 없는 경우. 이미 존재하던 여러 저자들에 의한 저작의 전집이나 혹은 그러한 저작으로부터의 선집이 종합서명이 없으면, 그 표제지에 첫 번째로 기명된 저작에 해당하는 표목을 기본표목으로 한다. 혹은 만약 종합서명이 표제지에 없으면 그 총서의 첫 번째의 저작에 해당하는 표제를 기본표목으로 한다.

이상에서 보는 바와 같이 총서의 경우는 ICCP와 AACR이 표현형식만 약간 다를 뿐 내용상 다른 점이 전혀 없다.

ICCP:

11. 서명 기본표목

    11.1 서명을 기본표목으로 하는 저작은;

        11.11 어느 저자의 저작인지 확인되지 않은 저작

        11.12 4인 이상의 저작으로서 주저자가 없는 저작

        11.13 서로 다른 저자들의 독립적인 저작이나 혹은 저작의 부분의 전집이 한 종합서명 하에 발행된 경우

        11.14 (연속간행물과 정기간행물을 포함해서) 주로 또는 관례적으로 저자명보다는 서명으로 알려진 저작

AACR:

2. 저자미상이거나 불확실하거나 이름이 없는 집단의 저작

  A. 저자미상이거나 불확실하거나 이름이 없는 집단의 한 저작은
서명을 기본표목으로 한다.

3. 분담된 저자의 저작.

  B. 주저자 표시가 없는 경우. 만약 주저자 표시가 없고, 저자의
수가 네 사람 이상이면, 그 서명을 기본표목으로 한다.

5. 전집(collections)

  A. 종합서명이 있는 경우. 만약 서로 다른 저자들에 의한 독자적
인 저작의 한 전집이 종합서명을 가지고 있으면, 그 종합서명
을 기본표목으로 한다.

6. 연속간행물(serials)

  A. 한 단체나 한 개인이 발행하지 않는 연속간행물. 한 단체의
직권이나 한 개인저자에 의해서 발행되지 않는 한 연속간행물
은 그 서명을 기본표목으로 한다.

이상에서 보는 바와 같이 서명을 기본표목으로 하는 저작의 경우
도 AACR은 ICCP의 원칙을 그대로 준수하고 있음을 알 수 있다.

ICCP:

11.2 서명 하에 기입된 저작에 대한 통일서명은 그 원서명이거나
혹은 그 저작의 여러 판본에서 가장 빈번히 사용된 서명이여
야 한다;
그러나 만약 그 저작이 한 관습적인 서명으로 일반적으로 알려
져 있으면, 그 통일서명은 관습적인 서명이 된다.

11.3 여러 권호나 연속적인 부분이 서로 다른 서명을 가진 저작에
대한 통일서명은 그 부분이나 권호의 대부분이 또 다른 서명
을 가지지 않는 한 그 첫 부분의 서명이 된다.

11.4 한 연속간행물이 서로 다른 서명 하에 연속적으로 발행되는
경우에는, 그 서명을 가지는 연속간행물의 각각의 서명을 기본

표목으로 하고, 최소한 바로 직전이나 직후의 서명을 표시한다. 그러나 만약 서명의 상이점이 사소한 것이면, 전반적인 권호에 대해서 가장 빈번히 사용된 형식을 통일표목으로 채택한다.

이상과 같은 통일서명에 대한 원칙과 관련해서 AACR에서는 이 규칙의 서두에 다음과 같이 주기하고 있다.

"통일서명에 대한 규칙들은 하나의 주어진 저작에 대해서 그 판본, 번역 등이 여러 가지 서명으로 나타났을 경우, 모든 목록의 저록을 한데 모으기 위한 수단을 제공하고; 하나의 저작이 그 표제지에 쓰인 서명이 어법상으로 애매할 경우, 그 저작을 정확히 식별하기 위한 수단을 제공한다. … 다음과 같은 유형의 저작의 경우에, 통일서명이 널리 그리고 오랫동안 사용되고 있다."(AACR. p.145)

종교적인 경전
여러 종교단체에 일반적인 교리와 신앙고백
예배서
서명이 없는 저자미상의 저작
고대의 저자미사의 연대기와 문학적 저작
서명을 표목으로 기입된 고대의 문집
고대의 법률과 관행에 관한 저자미상의 문집
평화조약과 국제회의

그리고 AACR에서는 일반규칙, 서명의 선택과 형식, 기타의 일반규칙, 특수규칙(성경), 기타의 종교경전, 전례의 저작 등으로 크게 구분하고 여기에서 다시 80여개의 조항에 걸쳐서 상당히 전문적으로 그리고 상세히 세분해서 규정하고 있기 때문에 이들을 직접 비교하기가 매우 어렵다. 그러나 AACR에서 ICCP의 원칙을 벗어난 규정이 전혀 없이 이를 충실히 준수하고 있다고 말할 수 있다.

ICCP:

11.5 다국간의 국제조약이나 대회의 그리고 뚜렷한 서명이 없이 발
      행되는 기타의 어떤 범주의 간행물은 그 저작의 형식을 반영
      하기 위해서 채택된 통일관행표목을 기본표목으로 한다.

AACR:

25.A.2. 평화조약과 다국간조약.

a. 일반규칙. 한 평화조약이나 한 다국간조약, 국제협정이나, 기타의
   협정은 가능하면 영어로 널리 알려진 이름이 포함된 통일표목을
   기본표목으로 한다.

AACR 에는 기타에도 이에 관련된 상당히 많은 규정들이 있지만,
우선 이상에서 보는 바와 같이 다국간의 조약에 대해서도 MCR이
ICCP의 원칙을 그대로 준수하고 있다는 것을 알 수 있다.

ICCP:

12. 개인의 인명에 대한 표목어
    한 개인저자의 인명이 여러 개의 낱말로 이루어졌으면, 표목어
    의 선택은 가능한 한 그 저가가 속해 있는 나라에서 통용되는
    관례에 의해서 결정하거나, 혹은 만일 이것이 불가능하면, 그
    저자가 일반적으로 사용하는 언어에서 일반적으로 통용되는 관
    례에 의해서 결정한다.13)

AACR:
    44.B.2.a. 만약 한 저자명이 하나 이상의 비 로마자로 쓰였으면,

---

13) IFLA. *Statement of Principles Adopted at the International Conference
    on Cataloging Principles*. Paris, October, 1961. Annotated edition with
    commentary and examples by Eva Verona. London, IFLA, Committee
    on Cataloguing, 1971. pp. xiii-xviii.

대부분의 그의 저작에서 그가 사용한 언어에 따라서 그의 이름을 로마자로 쓴다.

이상에서 보는 바와 같이 인명에 대한 표목어에 있어서 AACR에서는 예외적으로 ICCP의 원칙을 벗어나고 있다. 그리하여 ICCP와 AACR에 있어서 기본표목의 선정과 관련된 사항을 비교 분석한 결과를 표로 나타내면 다음 <표 1>과 같다.

<표 1>에 제시된 ICCP와 AACR에 기본표목 선정의 차이점을 비교 분석해 보면 다음과 같다.

<표 1> ICCP와 AACR에 기본표목의 선정

ICCP			AACR		
조항	내용	기본표목	조항	내용	기본표목
8	단일저자의 저작	저작자명	1A	단일저자의 저작	개인명, 단체명
9 9.1	단체저자의 저작 한 단체의 책임하에 발행된 저작	단체명			
9.2	헌법, 법률과 조약 그리고 비슷한 특성을 가진 저작	주제명 표제명	20	법률 등	관할구역명
			20A	하나의 관할구역을 통치하는 법률	
			20B	한 관할구역 이상을 통치하는 법률	
			20B1	둘 또는 셋의 관할구역을 통치하는 법률	처음에 기재된구역명
			20B2	셋 이상 관할구역을 통치하는 법	편찬자또는편찬단체명
			21	행정법규	기관명
			22	헌법 및 헌장	관할구역명
9.3	상위단체에 종속되어있는 한 단체의 저작	종속단체명	18	단체 또는 종속단체	하부기관명 종속단체명
10 10.1 10.2	복수저자의 저작 주저자가 표시된 경우 주저자가 표시되어 있지 않는 경우 저자의 수가 4인이상	주저자명 첫 저자명 서명	3 3A 3B1 3B2	분담된 저작 주저자명이 표시된 경우 주저자명이 표시되어 있지 않은 경우 주저자명이 표시되어 있지 않고, 저자서명가 4인이상인 경우	주저자명 또는 단체명 첫 저자명

10.3	전집		5	전집	
10.31	종합서명이 있는 경우	전집의 서명 첫 번째 저작의 저자명 또는 서명	5A	종합서명이 있는 경우	종합서명 편찬자명
10.32	종합서명이 없는 경우		5B	종합서명이 없는 경우	첫째 저작에 해당하는 표목 첫째저작의표제
11	서명 기본표목		2A	저자미상 또는 불확실하거나 이름이 없는 집단의 한 저작	
11.11	어느 저자의 저작인지 확인되지 않은 저작	서명	3	분담된 저작	
11.12	4인 이상의 저작으로서 주저자가 없는 저작	서명	3B2	주저자 표시가 없는 없고 저자가 4인이상인 경우	서명
11.13	여러 저자들의 저작 또는 전집이 한종합서명하에 발행된 경우	서명	5A	종합서명이 있는 경우	종합서명
11.14	주조로 저자명보다 서명으로 알려진 저작(정기간행물 포함해서)	서명	6A	한 단체나 한 개인이 발행하지 않는 연속간행물	서명
11.2	서명하에 기입된 저작에 대한 통일서명	빈번히 사용된 서명 관습적인서명	서두주기	성전 다른 종교단체에 공통된 교의 및 고백	
11.3	여러 권호나 연속적인 부분이 서로 다른 서명을 가진 저작에 대한 통일서명	첫부분의서명		전례서 서명이 없는 주저자 미상 도서 고대의 저자미상의 도서 서명을 표목으로가입된	통일서명
11.4	한 연속간행물이 서로 다른 서명하에 연속적으로 발행되는 경우	각각의 서명, 빈번히 사용된 형식의 통일표목			
11.5	다국간의 국제조약이나 대회	통일관행표목	25A2	평화조약과 다국간 조약	통일표목
12	개인 인명에 대한 표목어	저자가 속해 있는 나라에서 통용되는 관례, 저자가 사용하는 언어의 관례	44B2a	한 저자명이 하나 이상의 비 로마자로 쓰여진 경우	저자가 사용한 언어에 따라서 로마자.

첫째, ICCP에서는 단일저자의 저작과 단체저자의 저작을 각각 나누어 규정하였으나, AACR에서는 개인이든 단체이든 단일저자의 저작으로 묶어서 규정하였다.

둘째, ICCP에서는 헌법, 법률과 조약 그리고 비슷한 특정을 가진 저작에 대한 개략적인 원칙만을 규정하였으나, MCR에서는 구체적으로 규정하고 있다.

셋째, AACR에서는 ICCP의 12조항 '개인의 인명에 대한 표목어는 저자가 속해 있는 나라의 관례나 저자가 사용하는 언어의 관례에 따라 결정한다'는 원칙을 따르지 않고 있다.

AACR 은 이상과 같은 사항을 제외한 대부분이 ICCP의 원칙을 그대로 수용하였으며, 세계에서 가장 대표적이고 표준적인 국제편목규칙으로서 우리나라를 비롯한 세계 각국의 편목규칙을 규정하는데 지대한 영향을 미쳤다.

B. AACR과 AACR2

1967년 AACR이 발행된 이후 과학기술의 발달로 인한 목록의 기계화와 정보유통을 위한 목록의 국제화 및 표준화를 위해 규칙의 개정은 불가피하게 되었다. 그리하여 IFLA는 세계서지통정(Universal Bibliographic Control: UBC)을 위한 장기적인 계획을 수행하기 위해서 서지기술법을 국제적으로 표준화할 계획을 수립하고, 1969년에 코펜하겐에서 국제편목전문가회의(International Meeting of Cataloguing Experts: IMCE)를 개최하였다.14) 이 회의에서 대영도서관의 Michael Gorman이 2년여에 걸친 연구결과15)를 제시하여 "목록레코드의 기술내용을 위한 국제적인 표준을 정립할 수 있는 가능성"을 심의하여 가능한 한 목록과 서자에 이용될 수 있는 "서지기술을 위한 골격"을 제정하기로 합의하였다.16)

---

14) Dorothy Anderson. IFLA's programme of ISBDs. *Unesco Bulletin for Libraries*, Vol.XXXII, No.3, May-June, 1978. p. 144.

15) Rosmnond Kerr and Tom C. Clarke. The development of the International Standard Bibliographic Description(ISBD) and some problems for non-roman scripts. *Unesco Bulletin for Libraries*, Vol. XXXI. No.4, July-August, 1977. p. 211.

16) Dorothy Anderson. op. cit. p. 144.

그리고 "모든 출판물의 표준적인 서지기술법을 제정하고 이 기술법이 각국의 국가기관에 의해 인준되도록 하고, 이에 관한 국가정보교환제도를 창설하기 위한 적극적인 협력이 경주되어야 하며, 이 제도의 효용성 여부는 서지기술법의 형식과 내용을 최대한으로 표준화하는데 달려 있다"17)는 결의문을 작성하였다.

이어서 Jack Wells를 위원장으로 하는 실무위원단을 구성하고, 서지사항의 구분과 기재순서의 결정 등의 계속적인 작업을 수행하여 1971년 12월에 ISBD초안을 출간하였다.18) 이 ISBD초안은 각국의 서지기관과 목록작성기관에 발송되어 그들의 의견을 수렴하고, 1973년 8월에 그레노블에서 개최된 개정회의에서 이를 다시 검토하고 수정을 가해서 1974년 국제표준서지기술법-단행본용(ISBD(M))의 제1표준판(first standard edition)이 발행되었다.

ISBD(M) 의 가장 큰 특징은 표목과 기술부를 완전히 분리 기술하도록 하고, 서명 다음에 반드시 저자표시를 해주도록 규정함에 따라서 기술부만으로도 완전한 서지정보가 갖추어진 저록을 이룰 수 있도록 한 점과, 혁신적인 구두점을 채택한 점이다. 또한 기술부를 서명저자표시사항, 발행사항, 형태사항, 총서사항, 주기사항, 국제표준도서번호(ISBN) 장정 가격사항 등의 7개 사항으로 구분하고 있는 점이다.19)

ISBD(M) 에 곧 이어서 1974년에 연속간행물에 대한 서지기술법을 규정한 ISBD(S)의 예비판이 간행되고, 1977년에는 비도서자료의 서지기술법인 ISBD(NBM)이 발간되었다.20) 그리고 IFLA의 ISBD실무위원단과

---

17) Report of the International Meeting of Cataloguing Experts, Copenhagen, 1969. Libri, Vol.20, No.1, 1970. pp. 115~116.

18) Dorothy Anderson. IFLA's programme of ISBDs. *Unesco Bulletin for Libraries*, Vol.XXXII, No. 3, May-June, 1978. p. 145.

19) George M. Sinkankas and Jay F. Daily. International Cataloging and International Standard Bibliographic Description. In: *Encyclopedia of Library and Information Science*, Vol. 12. New York, Mercel Dercel Dekker, 1974. pp. 279~280.

20) Michael Gorman. International Standard Bibliographical Description and

AACR의 개정을 위한 합동조정위원회 (Joint Steering Committee for the Revision of the Anglo-American Cataloging Rules: JSCAACR)는 1975년 파리에서 개최된 회의를 통해서 모든 ISBDs의 개발을 통제하기 위한 일반적인 골격을 확립하고, 1977년에는 연속간행물에 대한 서지기술법을 규정한 ISBD(S) 표준판과 지도자료용(ISBD(CM))을 간행하였으며, 1978년에는 드디어 ISBD계획을 조화시킬 수 있는 골격의 주석판(annotated text)인 ISBD(G)를 간행하였다.21)

ISBD(G)는 ISBD(M)의 7개 기술사항에 세부사항(자료 또는 출판물의 형태)을 추가하여 기술부를 8개 사항으로 구분하였고, 모든 ISBD에 적용될 수 있는 기본적인 골격만을 규정함으로서 AACR을 개정하는데 가장 큰 영향을 미치게 하여 기술부의 底本으로 사용되었으며,22) 다양한 ISBDs는 필수적인 데이터 요소와 선택적인 데이터 요소를 규정하고, 그 내용을 이해하는데 필요한 언어능력이 없어도 각 데이터 요소의 특성을 가능한 한 인식할 수 있는 방식으로 서지레코드를 만들었다.23) 따라서 세계서지통정에 크게 기여하게 되었던 것이다.

한편, 1974년 ISBD(M)의 표준판이 발행됨으로서 세계서지통정이 현실화되자 AACR도 개정하지 않으면 안 되게 되었다. 따라서 AACR은 전반적인 개정에 앞서 우선 1974년 이 규칙의 기술부문에 대한 개정판24)을 출간하였다. 이 규칙은 ISBD(M)을 적용하였고, 단행본에

---

the New ISBDs. *Journal of Librarianship*, Vol. 10, No. 2, 1978. pp. 133~134.

21) Rosamond Kerr and T.C. Clarke. The development of the International Sandard Bibliographic Description(ISBD) and some problems for non-roman scripts. *Unesco Bulletin for Libraries*, Vol. XXXI, No.4, July-August, 1977. p. 212.

22) 鄭馹謨. 目錄組織論. 改訂增補版. 서울, 九美貿易出版部, 1993, p. 50.

23) Robert P. Holley. IFLA and International Standard in the Area of Bibliographic Control. *Cataloging & Classification Quarterly*, Vol.21, No.3/4, 1996, p. 26.

24) American Library Association. *Anglo-American Cataloging Rules, North American Text*. Chapter 6 Separately Published Monographs. Incorporation

대한 서지기술의 내용을 담은 AACR 제6장을 개정해서 1974년 ALA
의 연례회의에서 발표하여 즉시 국제적인 관심이 집중되었다.25)

또한, 1974년에는 영국, 미국, 캐나다 등 3국의 대표자회의에서,
AACR의 영국판과 북미판을 조정하고, 1967년판이 출판된 이래 수
용된 개정규칙을 통합시킬 수 있는 신판에 대한 가능성을 협의하여,
MCR을 개정하기로 합의하였다.26)

JSCMCR은 1975년 1월부터 편집작업을 시작하였고, 1975년 10
월에 파리에서 개최된 JSCAACR과 기존의 ISBD실무의원회의 실무
진으로 구성된 IFLA위원회간의 첫 번째 회합에서, ISBD(G)로 알려
진 "일반적인 골격"의 이행에 관한 실질적인 합의가 이루어짐으로서
AACR2의 제1부는 ISBD(G)의 골격에 기초를 두도록 결정되었다.27)

JSCAACR에 참가했던 3개국은 각각 국가위원회의 후원을 얻어
AACR의 개정을 위한 많은 문제들을 제안하고 선별하고 평가해서
마침내 1977년 1월에 제1부의 초고판이 완성되고, 1977년 4월에 제
2부의 초고판이 나왔으며, 이에 대한 모든 제안과 평가를 재검토하
여 전판이 완성됨으로서 AACR2는 1978년에 간행되었다.

AACR2의 규칙은 초판의 규칙을 발전적으로 통합시킨 것이며, 초
판의 영국판과 북미판의 조정사항에 기초를 두고 있다. 이 규칙은
현재대부분의 도서관과 서지작성기관에서 목록작성자가 수행하는 작
업의 순서를 따르고 있다. 그러므로 MCR2의 구성체제는 제1부에서
는 목록이 작성되는 대상자료에 대한 서지적 기술에 관한 규정을 다

Chapter 9, Photographic and Other Reproductions, and revised or Accord
with the International Standard Bibliographic Description(Monographs),
Chicago, ALA, 1974.

25) D. Whitney Coe. A Cataloger's Guide to AACR Chapter 6, Separately
Published Monographs, 1974. *Library Resources & Technical Services*,
Vol.19, No.2, Spring, 1975. p. 101.

26) ALA. *Anglo-American Cataloguing Rules*. 2nd ed., Chicago, ALA, 1978.
pp. vi-vii.

27) Ibid. p. viii.

루고 있으며, 제2부에서는 기술된 정보를 목록이용자에게 제시해 주는 기본표목의 선정과 표목의 통제 및 이러한 표목에 대한 참조의 작성을 다루고 있다.

AACR2는 "제1부와 제2부 모두 일반사항에서 특수사항으로 진전된다. 제1부의 특수사항은 목록이 작성되는 대상자료의 물적매체, 각 기술요소에 있어서 요구되는 상세도, 별도로 된 여러 부분을 포함하는 대상자료의 분출과 관련되어 있다."28) 이와 같이 AACR2는 초판과 비교해 보면 제1부가 제2부로 도치되는 동시에 세부적인 구성체제도 전면적으로 개편되었다. 특히 저록과 표목(entry and heading)대신에 접근점(access points)이란 용어를 사용하였다. 이 용어는 전통적인 카드목록에서 온라인목록에로의 변화를 의미한 것이다. 그러나 제2부에서 기본표목의 선정과 표목의 통제에 대한 원칙은 변경사항이 거의 없이 전판의 것 그대로 유지되었으나 부분적으로는 상당한 변화가 있었다. 여기에서는 다만 제2부 즉 표목부에 있어서의 구체적인 변경사항을 분석해보면 다음과 같다.

1. 기본표목의 선정

첫째, MCR에서는 한 저자의 저작과 한 단체의 저작을 한 조항에 넣어 규정하고 있으나, AACR2에서는 개인저자의 저작과 한 단체에 의한 저작을 다음과 같이 별도의 조항으로 분리하여 규정하고 있다. 그러나 내용상의 변화는 없다. 이것은 저자명의 확대 해석이다.

AACR:
단일저자에 의한 단일저작이나 한 저작집이나 한 저작선집은 그

---

28) ALA. *Anglo-American Cataloguing Rules*. 2nd ed., Chicago, ALA, 1978, pp. 1~2.

저작에 저자명이 쓰여 있거나 없거나 간에 그 저자인 개인명이나
단체명을 기본표목으로 한다.(1.A.)

AACR2:
　한 사람의 개인저자에 의한 단일저작이나 저작전집이나 저작선집
(혹은 그러한 저작의 재쇄, 재발행 등)은 그 저작에 이름이 쓰여 있
거나 없거나 간에 그 개인명을 기본표목으로 한다.(21.4A)

AACR2:
　한 단체에서 발행한 한 저작이나 한 저작전집이나 한 저작이나
여러 저작의 선집(혹은 그러한 저작의 재쇄, 재발행 등)은 21.lB2에
쓰인 범주중의 하나 또는 그 이상에 들어간다면 그 단체명을 기본
표목으로 한다.(21.4B.)

　둘째, AACR에서는 '책임성이 혼합된 저작'에 대한 규칙을 단행
본을 중심으로 규정하고 있는데(7A-18D), AACR2에서는 AACR에
서의 18D(단체 또는 종속부서)를 삭제하고, 예술작품, 음악작품, 녹
음자료, 새로운 저작에 대한 규칙 등을 추가하여 새롭게 재편성하였
다.(21.16-21.24)
　셋째, 법률에 관한 출판물과 종교에 관한 출판물(21.31-21.39)의
경우에 있어서 다음에 제시된 예와 같이 AACR(20A)에서 사용되어
오던 기본표목 다음에 부가하던 부표목이 AACR2(21.31B1)에서는
통일서명으로 변경되었다.

　　　　AACR: United States. Laws, statutes, etc.
　　　　　　　United States Code …

　　　　AACR2: United States
　　　　　　　[Laws, etc.]
　　　　　　　United States Code …

넷째, 국제조약에 관한 출판물의 경우 AACR에서는 모국우선으로 기본표목을 선정하도록 규정하고 있지만(25.A.1) AACR2에서는 모국 우선으로 하는 규정은 삭제하였다.

2. 저자명표목

저자명표목은 AACR에서 저자가 사용하고 가장 쉽게 식별될 수 있는 성명을 표목으로 채택한다는 원칙에 따라 규정되었으며, AACR2에 이르러 더욱 간소화하고 실용성 있게 발전하였다. AACR과 AACR2의 주요한 차이점을 분석해 보면 다음과 같다.

첫째, 저자명표목의 형식에 있어서, AACR에서는 "두 사람이상의 개인명을 구별하기 위해서 필요할 경우, 그 이름의 완전형식이 다만 첫글자만 표현된 이름이 포함되어 있으면, 그 이름을 완전철자로 한다." (43.B.)고 규정하고 다음과 같이 예시하고 있다.

AACR: Lawrence, David Herbert

그러나 MCR2에서는 "만약 한 인명의 부분이나 전체가 첫 글자 대문자로 표시되어 있고, 그 완전한 형식을 알면, 기타의 동일한 이름과 구별하기 위해서 필요할 경우, 그 완전철자 형식을 괄호 안에 써서 추가한다"(22.16A.)고 규정하고 다음과 같이 예시하고 있다.

AACR2: Lawrence, D.H.(David Herbert)

둘째, 귀족의 칭호에 대해서, AACR에서는 "그의 칭호를 표목으로 사용하지 않은 한 귀족의 인명에 대해서는 그 고유한 귀족칭호를 추가한다"(46G1)고 규정하고 다음과 같이 예시하고 있다.

AACR: Byron, George Gordon, Baron Byron

그러나 AACR2에서는 "만약 그 사람이 귀족칭호로 잘 알려져 있으면 귀족칭호(예우상의 경칭을 포함해서)로 된 고유명을 표목으로 한다"(22.6A)고 규정하고 다음과 같이 예시하고 있다.

AACR2: Byron, George Gordon Byron, Baron

셋째로, 비로마자로 쓰인 인명에 대해서 AACR에서는 "본래 로마자로 쓰인 이름이 아닌데 그 이름이 로마자화된 형식이 영어로 쓰인 참고자료나, 혹은 한 저자의 경우, 그의 저작에서 발견되면, 다음과 같은 우선순위에 따라 그 표목에서 사용된 형식을 선택한다.

(1) 언제나 그 사람이 선호하는 형식(그것을 알면)을 사용한다.
(2) 한 저자가 영어로 쓴 저작(박사학위 논문 이외의) 혹은 그가 편집했거나 번역한 영어로 쓴 어떤 저작에 나타난 형식을 사용한다"(44.B.1)고 규정하고 다음과 같이 예시하고 있다.

AACR: Lin, Yutang

그러나 이에 대해서 AACR2R에서는 "그의 이름이 비로마자로 쓰인 이름 등을 앞세워 쓴 개인명에 대해서는 영어로 쓰인 참고자료에 잘 설정된 인명의 형식을 채택한다. 만약 다양한 영어형식이 발견되면 가장 빈번히 나타나는 형식을 선택한다"(22.3C1)고 규정하고, 별도의 조항을 두어 다음과 같이 규정하고 있다.

"만약 姓을 앞세워 기입한 개인명이 비로마자로 쓰였으면 편목기관에서 채택한 언어표에 따라서 그 이름을 로마자로 쓴다"(22.3C2)고 규정하고 다음과 같이 예시하고 있다.

AACR2: Lin Yu-t'ang

넷째, 이름이나 혹은 별명을 앞세운 표목의 경우에, AACR에서는 "그의 이름이 하나의 성을 포함하지 않고, 그가 기본적으로 하나의 귀족칭호로 알려지지도 않은 사람은.··· 보통 그가 사용하는 이름의 첫 번째의 이름부분을 표목으로 한다"(49.A.10)고 규정하고 다음과 같이 예시하고 있다.

AACR: John the Baptist

그러나 AACR2R에서는 "하나의 姓을 포함하지 않고, 귀족칭호로 알려지지도 않은 사람에게서 태어난 인명은 그 사람이 참고자료에 기입된 그 이름의 부분을 표목으로 한다. 그 이름에 출생지나 거주지나 직업을 나타내는 어떤 낱말이나 문구, 혹은 그가 저술한 저작이나 참고자료에서 그 이름과 관련된 기타의 특성이 나타나 있으면, 이를 포함시킨다. 그 이름이 Iceland의 인명이거나 한 지명을 나타내는 낱말이 아니면, 그러한 낱말이나 문구는 콤마를 앞세워 기입한다."(22.8A)고 규정하고 다음과 같이 예시하고 있다.

AACR2: John, the Baptist

3. 지명표목

지명표목은 AACR에서 단체명표목 중에 특별규칙으로 되어있던 것으로 불과 9개조항(72.A-74.C)에 걸쳐서 규정되었으나, AACR2에서는 독립된장(chapter 23)으로 분리되어 16개조항(23.1-23.5)에 걸쳐 보다 구체적으로 지리상의 지명표시와 정부의 기능표시를 규정함으로서 합리적이며 실제적인 편목규칙이 되었다. 그리하여 AACR과 AACR2의 구체적인 차이점을 분석해 보면 다음과 같다.

첫째, AACR에서 지명의 모든 부가사항을 콤마 다음에 작성하던 것을 AACR2에서는 괄호 속에 넣어 작성하게 되었으며, 모든 지명에 대하여 한정어를 부가하며, 해당 지명보다 더 큰 단위의 지역명을 괄호 안에 기입하도록 되어 있다. 따라서 같은 명칭을 가진 다른 지역의 식별이 용이하다.

> AACR: Adams County, Ill. (73Bl)
> AACR2: Adams County (Ill.) (23.4C)

둘째, AACR(73)에서 한정어로 사용하던 약어 Eng., Ire., Scot., Ger., 등은 북아메리카 이의의 많은 영어권 나라에서의 목록이용자들에게 익숙하지 않기 때문에 AACR2(23.4)에서는 완전어로 변경하였다.

> AACR: Birmingham, Eng. (73B2)
> AACR2: Birmingham, (England) (23.4D)

셋째, MCR2에서는 England, Wales 및 Republic of Ireland의 지명들은 county명으로 수정하고(23.4Dl), Scotland의 지명은 region명으로 수정하였다(23.4D2).

4. 단체명표목

AACR에서는 "저자란 한 저작의 지적 혹은 예술적인 내용의 창조에 대해서 주로 책임을 가지는 개인이나 단체를 의미한다"29)고 정의

하고, 기본표목에 있어서 단체저자(corporate author) 또는 단체
(corporate body)라는 항목 하에 12개의 세목으로 구분하여 규정하고
있다(17·18). 그러나 MCR2에서는 '단체저자'라는 용어는 일체 사용
하지 않고, 다만 "단체란 특정한 명칭에 의해서 식별되고 실체로서 활
동하고 행동하는 한 개인집단의 조직체"(21.lBl)라고 정의하고, 기본
표목의 선정에 있어서 단체명표목(entry under corporate body)(21.lB)
을 별도로 규정하고 있다. 이것은 Eva Verona의 단체명에 대한 연
구30)를 기초로 한 것으로 파리원칙의 단점을 보완하여 확대시켰다.

　단체명표목에서 AACR과 AACR2의 차이점을 분석해 보면 다음과
같다.

　첫째, AACR에서 약어로 사용하던 단체명의 경우에 성을 먼저 기
입하고 약어를 괄호 속에 넣어 작성하던 것을 괄호를 없애고 약어부
터 기입하는 것으로 변경하였다.

> AACR: Smiley (A. K.) Public Library (67A)
> AACR2: A. K. Smiley Public Library (24.1)

　둘째, AACR에서는 단체명의 부가사항을 단체명 다음에 콤마를
찍고 기입하였지만 MCR2에서는 모든 부가사항을 단체명 다음에 괄
호속에 기입하도록 수정하였다.

> AACR: Newman. Club, Brooklyn College (65A5)
> AACR2: Newman Club (Brooklyn College) (24.4C8)

---

29) Amercan Library Association. *Anglo-American Cataloging Rules, North
American Text*. Chicago, ALA, 1967. p. 9(foot note).
30) Eva Verona. *Corprate headings: Their use in Library catalogues and
national bibliographies; a comparative and critical study*. Lodon, IFLA
Committee on Cataloguing, 1975.

AACR: Catholic Church. Pope, 1963-1978(Paul VI) (95A)

AACR2: Catholic Church. Pope (1963-1978: Paul VI) (24.27B2)

셋째, AACR2에서는 관사로 시작되는 단체명은 문법상의 이유로 필요한 것을 제외하고는 관사를 생략한다.

AACR: The Club, London (66A)

AACR2: Club (London) (24.5A)

넷째, AACR에서 사용하던 회의의 표목에 부가사항의 순서를 회차, 개최지, 개최년으로 기재하던 것(90A)이 AACR2에서 회차, 개최년, 개최지로 변경되었다(24.7B4).

AACR: Louisiana Cancer Conference, 2d, New Orleans, 1958

AACR2: Louisiana Cancer Conference (2nd: 1958: New Orleans)

5. 통일서명

통일서명은 "다양한 서명으로 나타난 한 저작이 목록을 작성하기 위한 목적으로 식별되도록 하는 특수한 서명이다."31) 그리하여 통일서명을 위한 규정은 그 저작의 판본, 번역본 등이 여러 가지 서명으로 나타났을 경우의 한 저작을 위해서, 그리고 그 서명이 표제지에 나타난 어법으로 인해서 애매할 경우 한 저작을 올바르게 식별하도록 하기 위해서 모든 목록의 표목을 함께 모으기 위한 수단을 제공한다.

---

31) American Library Association. *Anglo-American Cataloging Rules, North American Text*. Chicago, ALA, 1967. p. 347.

AACR이전의 규칙에서는 통일서명을 주로 聖書와 음악자료에 적용하였다. 그러나 AACR에서 그 범위를 넓혀서 고전, 법전, 무저자명 저서, 번역서, 전집, 필사본, 저작의 일부 등에 적용하고 있다. 그리고 AACR2에서는 이를 더 보완하여 헌법, 법률, 재판소, 규칙, 국제조약 등과 종교에 관한 전례서에 있어서 부표목으로 사용되던 것을 통일서명으로 전환하였다. 따라서 형식부표목 없이 정부이름이 부표목으로 나타나는 경우가 많게 되었다.

AACR에서는 법(100E)과 종교(108-109)의 규칙에 있어 형식표목으로 'Laws, statutes, etc., Bible.…, Bible. N.T.…, Bible. O.T.… 등을 사용하고 있어 경우에 따라서는 주제표목이 될 수도 있다. 이것은 문헌단위원칙을 수행하기 위한 장치로서 경제성과 계속성을 유지하기 위하여 마련되었으나 표목선정에 있어 혼동을 일으킬 뿐만 아니라 형식표목이 저자로서의 성격을 띤 것이 아니며 목록원칙에 어긋나기 때문에 통일서명으로 취급하여 Panizzi에서부터 AACR까지 계속된 가장 큰 결점을 보완한 것이다.

AACR2는 과거의 도서위주의 목록개념에서 벗어나 비도서자료도 도서자료와 동등하게 저록을 작성하고 각각의 표목을 선정할 수 있게 하고 있다. 또한 예술작품, 음악, 음반에서 작곡가와 연주자의 관계를 예술적 내용의 창작에 대한 책임성에 입각하여 처리하고 있다. 다시 말하면 AACR2는 AACR의 인쇄물중심의 규칙으로부터 모든 도서관자료를 동등하게 취급하려는 규칙으로 변화한 것이다.

AACR2는 도서관계에서 폭넓게 조사되고, JSCAACR에 의해 합의되었지만, 공식기구의 승인과정을 거치지는 않았다.32) 그러나, AACR2는 현재 일반적으로 수집되고 있는 모든 도서관자료에 관한 기술과 표목을 다루고 있으며, 또한 이 규칙은 종합적으로 체계화되어 있기 때문에 특수한 모든 종류의 자료에 대한 목록을 작성하기 위한

---

32) Sally McCallum. What Makes a Standard? *Cataloging & Classification Quarterly*, Vol.21, No.3/4, 1996. p. 7.

규칙으로서 편목규칙의 국제적인 표준화에 크게 기여하게 되었다.

6. 참조

각종 표목에 대한 규칙의 변화에 따라 참조지시의 변화는 필연적이다. AACR2에서 삭제되고 신설된 규칙을 살펴보면 다음과 같다.

첫째, AACR의 서두주기에 제시하지 않았던 참조의 형식들을 AACR2의 서두주기(26.0)에서 상세하게 제시하였으며, MCR의 결혼 전 여성의 이름, 결혼 후 여성의 이름(121A1a)을 AACR2에서 최신의 이름(26.2Al)으로 변경하였다.

둘째, AACR2에서 삭제된 규칙은 다음과 같다.

AACR;
121Alb. 둘 또는 그 이상의 저자가 같은 익명을 사용하고, 그 중의 한 사람 또는 그 이상의 저자가 다른 이름 아래 기입되었을 경우에는 그렇게 기입된 저자의 각 저작에 대하여 익명＋서명 참조를 작성한다.
123. 법률관계 출판물에 대한 특별표목

셋째, AACR2에서 신설된 규칙을 보면 다음과 같다.

AACR2;
26.2B. 개인명의 이름＋서명 참조
26.2C. 개인명의 '도보라' 참조
26.3A2. 회의의 일반명과 특정명
26.3A4. 두문자
26.3A5. 숫자
26.3A6. 약어
26.4B. 통일서명의 '도보라' 참조

26.4C 통일서명의 설명적인 참조

C. AACR2와 AACR2R

1988년에 발행된 MCR2R은 MCR2의 기본적인 구조와 규정에 대한 개념은 변화하지 않았다. AACR2에서 잘못된 것이나 누락된 것을 바로잡고 이해하기 쉽도록 용어를 수정하고 부적절하다고 판명된 규칙을 완전히 새로 바꾸었다. 그리고 새로운 것은 규칙과 예를 추가하였다. 따라서 어떤 규칙은 용어를 새로 정하거나 재배열하였으며, 적절한 참조를 부가하기로 하였다.33)

AACR2R의 기본방침은 한 자료에 대한 표준적 기술이 기술부의 규칙에 따라 작성되면 목록의 저록을 작성하기 위하여 그 기술에 표목이나 통일서명을 추가한다. 한 가지 예외는 한 저록이 본서명을 표목으로 하여 작성되는 경우인데 이 경우 저록은 기술부의 첫째 단어를 표목으로 하여 작성될 수도 있다. 각장에서 일반규칙은 특수규칙에 앞선다. 특정한 문제를 다루기 위한 특정한 규칙이 없을 경우에는 좀더 일반적인 규칙을 적용한다. 또한 자료가 출판되는 매체에 상관없이 모든 도서관 자료에 적용될 수 있도록 규정하고 있다.34)

여기에서는 제2부, 즉 표목부에 있어서의 주요한 변경사항만을 전판과 비교하여 분석하고자 한다.

AACR2R에서는 표목과 저록대신에 접근점이라는 용어를 사용하고 있다. 이 용어는 전통적인 카드목록에서 온라인목록에로의 변화를 의미한 것이다.

---

33) American Library Association. *Anglo-American Cataloging Rules*. 2nd ed. Revised. Chicago, ALA, 1988. pp. xii-xiv.
34) Ibid., 규칙 20.1-20.2.

이와 같이 AACR2R은 이용자들이 요구하는 정보에 쉽게 접근할 수 있도록 접근점을 확대하여 검색기능을 강화한다는 의미를 가지고 있다.

AACR2R 의 제2부, 즉 표목부의 개정은 다음과 같은 4가지 일반적인 범주로 되어 있다.35)

첫째, 원본에서 소수의 오차를 잡았다.

둘째, 이용을 쉽게 하기 위하여 규칙들을 재배열하였다. 가장 광범하게 재조직된 것은 제25장의 음악작품들을 위한 통일서명을 공식화하기 위한 규칙인 규칙25.25-25.35이다.

셋째, 규칙 적용을 간단하게 하고, 실제 관례를 표준화하고, 표목의 형식에 일관성을 높이기 위하여 애매한 말을 재편성하고, 편목자들이 신속하게 표목을 구성할 수 있도록 명확한 기준을 제시하였다.

넷째, 편목 관례의 변화에 기인하여 개정 전개하였다.

이와 같이 개정된 AACR2R의 표목부를 AACR2의 그것과 비교 분석하면 다음과 같다.

1. 기본표목의 선정

개인저자의 저작에 관한 규칙에서 개인저자의 유형의 예들이 AACR2R에서 삭제되고, 특별한 적용을 위해서는 이 장의 세칙을 참조하도록 지시하고 있다.(21.1A.)

단체명을 표목으로 결정하는 3가지 부가적인 범주의 저작을 포함하도록 다음과 같이 확장되었다:(21.1B2)

1) 종교법과 전례용의 저작들은 범주(b)로 합병되었으며, 공식적으로 법률과 행정적인 저작으로 제한하였다.

---

35) Carlen Ruschoff. *Changes to PartⅡ, Headings, Uniform Titles, and References*. In the Origins, Content, and Future of AACR2 Revised, ed. by Reichard P. Smiraglia. Chicago, ALA, 1992. p. 78.

2) 연주용으로 기록된 저작들은 범주(e)에 추가하였는데 이것은 연주단체의 전체 활동에 근거한 저작들을 위하여 제공한다.

3) 범주(f)는 다만 그 출판과 배포에만 책임을 가지는 단체 이외의 한 단체에서 나온 지도자료들을 포함하도록 추가하였다.

본서명의 변경에 대한 정의가 목록자에게 보다 좋은 방향을 제공하기 위하여 다시 수정되었으며, 본서명이 변경된 것으로 간주하지 않는 경우를 4가지 범주로 설정하고 있다.(21.2A1) 그 중 3가지 새로운 범주는 다음과 같다.

1) 한 단어나 몇 단어들의 표현이 변경된 경우(예, 약어 또는 기호 對 철자가 빠진 형식, 단수 對 복수형식, 한 철자법 對 다른 철자법)

2) 단지 서명의 끝에 있는 발행기관의 이름이 추가되거나 삭제된 경우(그리고 어떤 문법적인 관계)

3) 다만 구두점이 추가, 삭제, 또는 변경된 경우, 의심스러운 경우에는 본서명이 변경된 것으로 간주한다

'만약 개인명이나 단체명이 그 저작의 서로 다른 판본의 주정보원에 서로 다른 순서로 나타나 있으면 각각 그 판에서 첫 번째로 기명된 개인명이나 단체명을 기본표목으로 한다고 추가되어 있다.'(21.6C1)

본문의 개정에 대한 규칙들은 본문의 원저자와 전혀 다른 개인이나 또는 단체에 의해 개정된 저작에 대한 기본표목의 선정을 명확하게 하기 위하여 다음과 같이 개정되었다.

개정, 증보, 갱신 등이 이루어진 한 저작의 판본은; 만약 a) 그 원저자명이 편목 되는 그 자료에 책임표시가 기명되어 있거나 혹은, b) 그 원저자가 본서명에 기입되어 있고, 다른 사람이 저자표시나 여타 서명정보에 기명되어 있지 않으면 원저자명을 기본표목으로 한다. (21.12A1.)

녹음자료에서 종합서명이 있는 여러 개인이나 단체의 저작에 대한 부분에서 다음과 같이 갱신 또는 추가된 부분이 있다.

만약 여러 개인이나 단체에 의한 저작을 수록하고 있는 녹음자료가 종합서명을 가지고 있으면, 주연주자로 표시된 그 개인이나 단체에 대한 표목을 기본표목으로 한다.(21.23C1)

만약 둘이나 세 사람 혹은 단체가 주연주자로 표시되어 있으면, 처음에 기명된 자를 기본표목으로 하고 기타에 대해서는 부출표목을 작성한다.(21.23C1)

만약 여러 개인이나 단체에 의한 저작을 수록하고 있는 녹음자료가 종합서명을 가지고 있지 않은데 그것이 한 단위로서 편목 되는 경우에는 아래와 같은 지시중의 한 가지 지시를 따른다(21.23D1)

a) 편목되고 있는 자료가 연주나 집행이나 해설(흔히 대중가요, 록, 재즈음악의 경우에 있어서와 같이)의 경우를 넘어선 연주의 참여형식인 저작들을 수록하고 있으면, 주연주자로 표시된 개인명이나 단체명을 기본표목으로 한다.
둘이나 세 사람의 개인명 혹은 단체명이 주연주자로 표시되어 있으면, 첫 번째로 기명된 자를 기본표목으로 하고, 기타는 부출표목으로 한다.
b) 기록대상 저작이 연주나 집행이나 해설(흔히 대중가요, 록, 재즈음악의 경우에 있어서와 같이)의 경우를 넘어선 연주의 참여형식의 것이면 첫 번째의 저작에 해당하는 표목을 기본표목으로 하고, 기타의 저작에 대해서는 적절히 부출표목으로 한다.

2. 인명표목

AACR2R에서의 인명표목에 관한 규칙에는 큰 변화가 없지만 부분적으로 재편성되고 새로운 사항이 첨가된 조항이 몇 가지 있다. 이들 조항을 분석해 보면 다음과 같다.

첫째, AACR2에서 인명의 선정에 있어서 이름 다음에 부가되어 있는 로마숫자에 대한 규정이 없었는데, AACR2R에서는 '인명과 관련된 로마숫자(예를 들면, Gregory I, Pope Elizabeth I, Queen of England Ruricius I, Bishop of Limoges)는 이름의 부분으로서 간주한다'(22.1A)고 처리방법을 제시하였다.

둘째, 동일한 사람의 몇 가지 異名 중에서 그의 정통인명을 선정하기 위한 규칙(22.2)의 조항이 목록실무자들에게 체계적인 접근이 용이하도록 완전히 재편성되었고, 다음과 같은 조항이 추가되었다.

첫째, '分冊된 서지적 실체'에 관해서

"한 유형의 저작들은 하나의 필명으로 발행되었고, 다른 유형의 저작들은 다른 필명이나 혹은 개인의 실명으로 발행된 사실을 표시해서, 한 개인이 두 개 이상의 서지적 실체를 수립했으면, 각 저작군의 표목을 위한 기초로서, 그 저작군이 표시된 저작에 쓰인 이름을 선택한다. 그 이름들을 연결시키기 위한 참조를 작성한다."(22.2B2.)

둘째, '현대의 저자들'에 관해서

"만약 현대의 저자가 두 개 이상의 필명을 사용하거나 혹은 그의 실명과 둘 이상의 필명을 사용하고 있으면, 각 저작에 대한 표목을 위한 기초로서, 그 저작에 나타나 있는 이름을 표목으로 사용한다. 그 이름들을 연결시키기 위한 참조를 작성한다.(22.2B3.)

셋째, '왕족의 개인명'에 관해서

"왕족의 개인명으로 알려진 이름이 왕가, 왕조, 영토명 등이나 혹은 성을 포함한 경우에는 그 직순으로 쓰인 이름을 표목으로 한다."(22.8C1.)

넷째, '문구로된 표목'에 관해서
  "직함이나 직위 및 직책의 칭호 이외에 낱말을 선행한 이름으로 구성된 어구는 직순으로 기입한다."(22.11A)

3. 지명표목

  AACR2의 지명표목에 대한 규칙이 AACR2R에서 변경된 부분을 살펴보면 다음과 같다.
  첫째, '장소을 위한 부가사항에 대한 규칙'에서 지명에 한정어를 부가하는 일반규칙에 주어져 있던 옵션(AACR2 23.4B)을 AACR2R 에서는 목록자가 더 큰 관할권명으로 지명을 한정하도록 재편성하여 지시하고 있다.(23.4Bl)
  둘째, AACR2에서 말레이시아, 소련, 유고슬라비아의 지명에 대한 특별규칙(23.4E.)을 AACR2R에서는 삭제하고, 이들 세 나라를 미국, 호주, 캐나다와 함께 한 규칙(23.4C)에 포함시키고 있다. 그리고 "호주, 캐나다, 말레이시아, 미국, 소련, 혹은 유고슬라비아의 주(state), 성(province), 준주(territory) 등의 명칭에 대해서는 어떠한 것도 추가하지 않는다"(23.4C1.)는 부기조항을 추가하고 있다.
  셋째, 영국제도(British Isles)의 지명들에 대한 기술법을 더 간단하게 만들어 완전히 재편성하였다.(23.4D.) 이 조항의 첫 번째는 한정어를 필요로 하지 않는 "영국제도 즉 England, the Republic of Ireland, Northern Ireland, Scotland, Wales, Isle of Man, the Channel Islands 등에 뒤따르는 부분의 명칭에 대해서는 아무 것도 추가하지 않는다."(23.4Dl)고 규정하고, 두 번째는 "한 지명이 England, Republic of Ireland, Northern Ireland, Scotland, Wales, Isle는 of Man, 혹은

Channel Islands에 위치하고 있는 것이면, 그에 해당하는 *England, Republic of Ireland, Northern Ireland, Scotland, Wales, Isle of Man*, 혹은 *Channel Islands*를 추가한다."(23.4D2)고 규정하고 다음과 같이 예시하고 있다.

Dorset (*England*)   Melrose(*Scotland*)

Clare(*Ireland*)   Bangor(*Wales*)

4. 단체명표목

단체명표목에 대한 규칙이 AACR2R에서 변경된 부분은 별로 없지만 다음과 같이 규칙이 삭제되고 개정된 조항이 있다.

첫째, AACR2에서 '단체들을 구별할 필요가 없을 지라도' 표목에 부가사항을 작성하기 위해 제시한 옵션을 삭제하고(24.4C1), AACR2R에서는 "그 부가사항이 그 단체의 특성이나 목적을 이해하는데 도움을 준다면 기타의 어떤 명칭에 그러한 한 낱말이나 어구를 첨가한다"(24.4C1)는 규정을 추가하였다.

둘째, 종속단체와 과련 단체명을 표목으로 하는 경우 다음과 같은 유형3과 유형4가 새로 첨가되어 재편성되었다.

유형 3; "일반적인 특성이 있는 한 명칭이거나 혹은 지리적, 연대적, 또는 숫자나 문자로 쓰인 한 상위단체의 산하단체를 표시하는 것이 아닌 한 명칭"(24.13.type 3)

American Dental Association. *Research Institute*

(*Name*: Research Institute)

American Institute of Architects. *Utah Society*
(*Name*: Utah Society)

유형 4 "한 단체의 개념을 나타내지 않는 명칭"(24.13A. Type 4)

British Library. *Collection Development*
(*Name*: Collection Development)

Bell Canada. *Corporate Public Relations*
(*Name*: Corporate Public Relations)

정부기관을 표목으로 하는 경우(24.18.): 유형 3과 4가 다음과 같이 변경 또는 수정되었고, 유형 11이 추가되었다.

3: 성격상 일반적인 이름을 가진 기관이나 혹은 정부의 하위기관이나 정부기관 중의 하나임을 지리적으로나, 연대적으로나, 숫자나 문자로 표시하는데 불과한 이름을 가진 기관명은 하위에 기입한다.

United States. *National Labor Relations Board. Library*
(*Name*: Library)

United States. *Public Health Service. Region XI*
(*Name*: Region XI)

의심스러울 경우는 그 단체명을 직접 기입한다.

유형 4: 한 단체의 개념을 나타내지 못하고 정부의 명칭을 포함하지 않는 한 기관.

Illinois. Bureau of Employment Security. Research and Analysis

(*Name*: Research and Analysis)

Canada. *Ocean and Aquatic Sciences*

(*Name*: Ocean and Aquatic Sciences)

유형 11: 국제기관이나 정부간기관의 파견단.

United Kingdom. *Delegation to the United Nations*

5. 통일서명

우선 AACR2에서는 한 특수한 자료에 대한 저록에 대해서 다음과 같은 두 가지의 경우에 통일서명을 사용하도록 규정하고 있다.(25.2A)

1) 그 자료가 통일서명과는 다른 본서명을 가지고 있는 경우
2) 그 파일을 조직하는데 다른 요소(즉 한 자료에 대한 언어의 명칭)를 부가할 필요가 있는 경우

그러나 AACR2R에서는 한 특수한 자료에 대한 저록에 대해서 다음과 같은 네 가지의 경우에 통일서명을 사용하도록 규정하고 있다.(25.2A)

1) 그 저작이 (개정판 이외에) 서로 다른 본서명으로 표시되어 있고, 편목 되는 자료가 그 통일서명과는 다른 한 본서명을 가지고 있는 경우
2) 그 본서명이 그 파일을 조직하는데 다른 요소의 추가를 필요로 할 경우

　　3) 한 저작에 대해서 기본표복이나 부출표목으로 사용된 서명이 다
　　　른 한 저작에 대한 기본표목이나 부출표목으로 사용된 그 서명
　　　과 구별 할 필요가 있을 경우
　　4) 그 저작의 서명이 본서명의 어법 때문에 애매한 경우(즉 서문이
　　　나 책임성표시가 그 서명에 표시되어 있기 때문에)

　둘째로 AACR2에서 25.5D의 조항에 규정되었던 자료에 쓰인 언
어와 관련된 조항이 AACR2R에서는 25.5C1의 조항으로 변경하여
문장만 다소 수정하였으며, AACR2의 25.5E는 AACR2R에서는
25.5D로 그대로 옮겨졌다.
　셋째로 AACR2의 25.25부터 25.36C까지에 걸쳐 규정되었던 음악
작품에 대한 통일서명의 규정들이 AACR2R에서는 내용상의 큰 변
화는 없으나 그 체제가 많이 변경되었다.

6. 참조

　AACR2의 26.0에서 기술되었던 서두주기(introductory notes)와
26.1의 기초규정(basic rule)이 AACR2R에서는 모두 삭제되고, 그
대신 26.1에서 일반규칙(general rule)을 신설하여 참조(reference)의
종류와 내용을 구체적으로 규정하고 있다.
　다음으로 AACR2R에서는 26.5에 '총서와 연속간행물의 부출저록
에 대한 참조'(references to added entries for series and serials)를
추가하여 다음과 같은 두 개의 조항에 걸쳐 새로이 규정하였다.

　　만약 별도로 편목된 부분에 속하는 한 총서에 대한 표목 하에 부
　출표목이 만들어지면, 그것이 합리적으로 검색될 그 표목의 다른 형
　식에서 그 총서에 대한 표목으로 참조한다.(26.5A1)

Food and Agriculture Organazation of the United Nations‡
  FAO soils bulletin
    see FAO soils bulletin
Industries Assistance Commission report
  see Australia. *Industries Assistance Commission*
    Industries Assistance Commission report

만약 한 연속간행물에 대한 표목 하에 한 부출표목이 작성되었으면, 그 연속간행물이 합리적으로 검색될 표목의 다른 형식에서 그 표목으로 참조한다.(26.5B1)

ITAL
  see Information technology and libraries

I.T.A.L.
  see Information technology and libraries

D. AACR2R에 있어서 표목부의 용어와 체계문제

AACR2와 AACR2R에 있어서 표목부에 대한 규정의 내용과 순서에 있어서는 합리적으로 편성되어 있는 것으로 보인다. 그러나 표목부의 편(part)과 장(chapter)의 제목에 쓰인 용어와 그 체계에 있어서는 불합리한 점이 보인다. AACR2R 제21장의 선행규칙에서 보는 바와 같이 "이 장의 규칙들은 한 목록에 있어서 그 아래 서지기술이 기입되는 접근점(표목)의 선정을 위한 규칙들이다. 이 규칙들은 이러한 접근점들 중에서 하나를 기본표목으로 선정하고, 나머지 접근점

들은 모두 부출표목으로 하는데 대한지침을 주는 것이다.”36) 그런데
맨 앞에 제시된 간략목차를 보면 다음과 같다.

Part Ⅱ

Headings, Uniform Titles, and References

21 Choice of Access Points

22 Heading for Persons

23 Geographic Names

24 Heading for Corperate Bodies

25 Uniform Titles

26 References

이상에서 보는 바와 같이 Part Ⅱ의 제목을 “Headings, Uniform
Titles, and References”라고 했는데, AACR2R의 기술부에 대한 Part
Ⅰ의 제목은 “Description”(기술)이라고 했음으로, 아마도 표목부에
대한 제목은 표목(headings) 또는 접근점(access points)이라고 해야
할 것이다. 그러나 자동화목록에서는 발행지나, 발행기관이나, 발행연
도 등 ‘기술부’에 기록된 사항이 거의 모두 검색의 접근점이 될 수
있는데, 목록에서 말하는 접근점은 이용자들이 접근할 가능성이 많은
여러 가지 저자명, 서명, 주제명 등 종래의 기본표목과 부출표목 그
리고 참조를 의미한다. 일본목록규칙 1987년판 개정판37)(第Ⅰ部 記
述, 第Ⅱ部 標目, 第Ⅲ部 排列)과 중국편목규칙 수정판38)(甲編 著錄,
乙編 標目)에서는 이미 그렇게 사용하고 있다. 그러므로 Part Ⅱ의 제

---

36) AACR2R. 21.0A1.

37) 日本圖書館協會目錄委員會 編 日本目錄規則. 1987年版 改訂版. 東京: 日本
    圖書館協會, 1994.

38) 中國圖書館學會分類編目委員會. 中國編目規則. 修訂版.臺北: 中國圖書館學會,
    民國84(1995).

목은 표목(Headings)이라고 하는 것이 합리적이라고 판단된다.

둘째, "Chapter 21 Choice of Access Points"는 위에서 말한 바와 같이 기본표목을 선정하기 위한 규칙을 다루는 장인데, 접근점의 선택(선정)이라는 장제목은 이에 부합되지 않는다. 접근점은 기본표목 뿐만 아니라 부출표목이나 참조 등도 포함될 수 있고, 기타 '기술부'에 기록된 거의 모든 사항이 검색의 접근점이 될 수 있기 때문이다. 그러므로 이 Chapter 21은 'Choice of Main Heading'(기본표목의 선정)이라고 하는 것이 합리적이라고 판단된다.

또한 AACR2R에서는 기본표목을 "main entry heading"(기본저록의 표목), 부출표목을 "added entry headings"(부출저록의 표목)39)라고 했는데, 이것은 종래의 카드목록시대의 개념이라고 볼 수 있다. 카드목록에서는 기본표목이던 부출표목이던 동일한 여러 개의 기술사항(entries) 위에 각각의 표목이 붙어서 각 표목어의 어순에 따라 배열되게 되었으므로, 그것이 논리적이라고 볼 수 있다. 그러나 자동화목록에서는 단일의 기술사항(entry)이 어떠한 표목이던 여러 개의 표목(접근점)을 가질 수 있으므로, 기본표목(main heading), 부출표목(added headings)이라고 하는 것이 그 의미가 선명하다고 판단된다.

셋째로 제22장 인명표목(heading for persons)부터 참조(reference)까지는 모두 그것이 기본표목이던 부출표목이던 상관없이 여러 가지의 표목과 그 형식 중에서 보다 확실하고 합리적인 표목을 선정하기 위한 규정들이다. 이를 좀 더 구체적으로 살펴보면 다음과 같다.

1) Heading for persons는 저자가 개인저자인 경우 저자명은 단 하나의 이름만 있는 것이 아니라 본명 이의에 異名, 별명, 필명, 아호 등이 있는 사람이 있는데 이중에 어느 것을 표목으로 정할 것인지, 그 이름을 어떠한 언어로 또한 어떠한 형식으로 표기할 것인지, 이용자들이 나머지의 여러 가지 이름으로 검색하게 될 경우를 대비

---

39) American Library Association. *Anglo-American Cataloging Rules*. 2nd ed. Revised. Chicago, ALA, 1988. p. 311.

해서 어떠한 조치를 취할 것인지 등을 규정하고 있다.

2) Geographic names는 지명(地名)이 표목요소로 포함되었을 경우, 그 지명이 몇 번이고 변경되었다면 그들 중의 어느 지명을 표목으로 선정하고 그것을 어떤 형식으로 표현할 것인지, 기타의 지명은 어떻게 조치를 취할 것인지 등을 규정하고 있다.

3) Headings for corporate bodies는 단체저자인 경우 그 단체명도 변경되는 경우가 많은데, 그런 단체명 중에서 어떤 단체명을 표목으로 정하고 그것을 어떤 형식으로 표현할 것인지, 나머지의 단체명에 대해서는 어떻게 조치할 것인지 등을 규정하고 있다.

4) Uniform titles는 "서명의 여러 가지 표현(예를 들면 판본 번역본)이 여러 가지의 서명으로 나타났을 경우, 한 저작에 대한 모든 목록저록을 함께 모으기 위한 수단을 제시한다. 또한 한 통일서명은 그 서명이 편목 되는 그 자료의 본서명과 다르게 알려져 있을 경우, 한 저작에 대한 확실성을 제시한다."40)

5) References는 이상과 같이 인명표목이던, 지명이 포함된 표목이던, 단체명 표목이던 여러 가지 가능성 있는 표목 중에서 선정되지 않은 표목을 이미 선정된 표목으로 참조하도록 지시하는 것이다.

이상에서 보는 바와 같이 "Heading for persons" 이하는 표목의 형식이나 어떤 요건의 규정을 정하는 것이 아니라 이용자들이 목록을 효율적으로 검색할 수 있도록 표목을 통제(control)하는 것이다. 그러므로 이 Chapter 22의 제목은 Control of Headings(표목의 통제)라고 하는 것이 합리적이라고 판단된다. 그리고 Headings for persons 이하는 Control of headings의 하위개념이므로 여기에서는 그 목차를 다음과 같이 수정하는 것이 더 논리적이고 체계적이라고 판단된다.

---

40) AACR2R. 25.1 A.

Chapter 22 Control of Headings

세계에서 가장 대표적이고 표준적인 국제편목규칙이라고 할 수 있는 영미편목규칙에 있어서 표목부의 주요규칙과 이에 관련된 문제점을 한국편목규칙 표목부에서는 어떻게 수용하였는지 다음 장에서 살펴보고자 한다.

Ⅲ. 한국편목규칙의 표목부의 문제점

　본 장에서는 한국편목규칙 표목부에 대한 일련의 합리적인 규칙방안을 제시하기 위하여 KCR2의 편찬배경, ICCP와 KCR2의 표목부와의 관계, KCR2에 있어서 표목부에 쓰인 용어의 체계문제, KCR3에 있어서 표목부와 관련된 몇 가지 문제점 및 한국문헌목록정보에 있어서 인명표목의 문제점 등을 분석 고찰하고자 한다.

A. KCR2의 편찬배경

　1961년 10월에 파리에서 개최된 ICCP는 모든 국가에 있어서의 표목과 기입어의 선택과 형식, 저자·서명의 자모순목록에 있어서 기입과 형식을 결정하는 기본원칙을 표준화하기 위한 것으로, 여기에서 채택된 '편목원칙에 관한 성명(Statment of Principle)'은 저자명 기본저록원칙을 위주로 한 것이었다. 그러나 그 당시 한국에 있어서 유일한 목록규칙이었던 박봉석 편 '東書編目規則'[1]은 서명 기본저록을 원칙으로 하고 있기 때문에 한국에서도 국제적인 원칙에 준하는 새로운 편목규칙이 필요하게 되었다.

　그리하여 1962년도에 한국도서관협회의 목록분과위원회는 ICCP에서 채택된 편목원칙에 따르기로 하고 그 취지에 맞는 편목규칙을

---

1) 朴奉石 編, 東書編目規則. 서울, 國立圖書館, 1948.

작성하기 위하여 다음과 같은 원칙을 결의하였다.

    (1) 표목은 한글로만 표기한다.
    (2) 외국인명, 서명 등은 한글 번자로 표기한다.
    (3) 저자명표목에 있어서 성과 이름 사이는 콤마를 사용한다.2)

    이러한 원칙에 따라 1962년 말에 '표목의 선정'과 '표목의 형식'에 대한 규칙 (94개 조항)을 제정하여 '韓國目錄規則(案)'3)을 프린트판으로 발행하고, 이어서 1963년도에 '기술목록규칙'의 부문을 제정 완료하여 1964년에 발행했던 것이다. 그리고 2년 후인 1966년에는 수정판을 발행하였다. 이 수정판의 기본원칙은 다음과 같다.

    (1) 이 목록규칙의 기본원칙은 그대로 유지한다.
    (2) 규칙조문의 중복을 가능한 한 피하고 단일화한다.
    (3) 조문번호를 일련번호로 함으로서 사용하기에 편리하도록 한다.
    (4) 가능한 한 많은 예를 삽입함으로서 조문의 이해를 돕도록 한다.
    (5) 목록의 번잡함을 덜기 위하여 저자표시에서는 저, 또는 편, 역 등의 사이에는 콤마를 생략한다.
    (6) 부록으로 표기법과 약어표, 그리고 카드목록의 실례를 수록하여 사용에 편하도록 한다.4)

    이러한 원칙에 따라 개정된 수정판은 총 142개조로 크게 3부문으로 대별되는데 제1부문은 '기본기입의 선정', 제2부문은 '표목의 형식', 제3부문은 '기술목록규칙'으로 구성되어 있다. 이 규칙은 전체 142개 조항 중에서 표목에 관한 조항이 79개 조항이다.

---

2) 韓國圖書館協會 編, 韓國目錄規則. 修訂版. 서울, 한국도서관협회, 1966. p. vi.
3) 韓國圖書館協會 技術委員會 編. 韓國目錄規則(案). 서울, 한국도서관협회, 1962. 프린트판.
4) 한국도서관협회 編. 韓國目錄規則. 修訂版. 서울, 한국도서관협회, 1966. pp. iii-iv.

B. ICCP와 KCR2의 표목부 비교분석

1966년에 발행된 '한국목록규칙' 수정판의 서문에 보면, "1961년 10월 파리에서 개최되었던 국제편목원칙회의에서 결정된 편목원칙을 그대로 따르기로 결의하였으나 다만 ICCP의 제 원칙에 관한성명 중에서 11.14항5)과 11.2항6)은 예외로 하기로 하였다.7)

그러므로 ICCP에서 채택된 편목원칙이 한국편목규칙에 어떻게 적용되어 있는지를 대비 분석해 보고자 한다.

ICCP:

8. 단일저자의 저작

단일의 개인저자로 확인된 저작은 모든 판본에 대해서 저자명을 기본표목으로 한다.

9. 단체저작의 저작

9.1 한 단체의 책임 하에 발행된 저작에 대해서는 그 단체명을 기본표목으로 한다.

KCR2:

1. 통칙

a. 도서는 개인이든 단체이든 간에 그 저작에 대하여 책임을 지는 저자명을 표목으로 한다.

---

5) 11.14 (연속간행물과 정기간행물을 포함해서) 주로 또는 관례적으로 저자명보다는 서명으로 알려진 저작은 서명을 기본표목으로 한다.

6) 서명 하에 기입된 저작에 대한 통일표목은 원서명이거나 혹은 그 저작의 여러 판본에서 가장 빈번히 사용된 서명을 기본표목으로 하여야 한다: 그러나, 다만 그 저작이 한 관습적인 서명으로 일반적으로 알려져 있으면, 그 통일서명은 관습적인 서명이 된다.

7) 한국도서관협회 편, 韓國目錄規則. 修訂版. 서울, 한국도서관협회, 1966. p. v.

이상에서 보는 바와 같이 ICCP에서는 개인저자의 저작과 단체저자의 저작을 각각 나누어 규정하였으나, KCR2에서는 AACR에서처럼 개인이던 단체이던 단일저자의 저작을 한데 묶어서 하나의 조항으로 규정하였을 뿐 내용은 동일하다.

ICCP:

9.2 헌법, 법률과 조약, 그리고 비슷한 특성을 가진 기타의 저작에 대해서는 洲名이나 혹은 기타의 지방관청의 명칭과 그 자료의 특성을 표시하는 공식적인 혹은 전통적인 標題名을 기본표목으로 한다. 필요하면 실제의 標題를 부출표목으로 한다.

9.3 상급단체에 종속되어 있는 한 단체의 저작은 그 종속 단체명을 기본표목으로 한다.

KCR2:

64. 헌법: 헌법은 국명 또는 주명을 표목으로 하고 헌법을 부표목으로 한다.

65. 법령: 법령집은 국명을 표목으로 하고 법령집을 부표목으로 한다.

    개개의 법률은 국명을 표목으로 하고 개개의 법률명을 부표목으로 한다.

68. 조약: 한 나라와 외국과의 조약집은 그 나라 국명을 표목으로 하고 조약집을 부표목으로 한다.

74. 부설조직체: 한 기관이나 단체 내에 부설된 조직체로서 그 단체 내에서만 이용할 수 있도록 국한되어 있는 것은 그 단체명을 표목으로 하고 부설 조직체명을 부표목으로 한다.

75. 부, 과, 지부 등: 단체를 구성하는 부, 과, 지부 등 하부조직은 그 단체명을 표목으로 하고 부, 과 또는 지부명을 부표목으로 한다.

이상에서 보는 바와 같이 ICCP에서는 헌법, 법률과 조약, 및 비

숫한 특성을 가진 기타의 저작에 대해서 개략적인 원칙만을 규정하였으나, KCR2에서는 헌법, 법률, 조약 등을 각각 조항을 달리하여 규정하고, 상급단체에 종속되어 있는 단체에 대한 규정도 두 가지로 구분하여 규정하고 있다. 그러나 이들 양자 사이에 기본적인 원칙의 차이는 없다.

ICCP:

10. 복수저자의 저작

　둘 이상의 저자가 한 저작의 창조에 분담했을 경우

　10.1 만일, 한 저자가 그 도서에 주저자로 나타나 있고, 다른 사람은 종속적이거나 혹은 보조적인 역할을 수행하였으면, 그 저작에　대해서는 주저자명을 기본표목으로 한다.

　10.2 만일 주저자로 나타난 저자가 없으면, 표제지에 처음에 기재된 저자명을 기본표목으로 하며, 만일 저자의 수가 2-3명이면, 기타의 저자명은 부출표목으로 한다. 그러나 만일 저자의 수가 4인 이상이면, 그 저작의 서명을 기본표목으로 하고, 그 도서에 처음에 기재된 저자명과 기타의 저자들은 필요에 따라 많이 나타난 저자명을 부출표목으로 한다.

KCR2:

3. 공저서:

　(1) 한 저작을 2-3인의 저자가 협력하여 저술한 것으로서 각 저작자의 분담표시가 명확하지 않은 것은 표제지에 표시된 첫 저자명을 표목으로 한다.

　(2) 공저자의 수가 4인을 넘을 경우에는 서명을 표목으로 하고 주저자명 또는 주저자가 없을 경우에는 표제지에 실린 것 저자명을 부출 한다. 그러나 주저자명이 뚜렷이 표제지에 표시되었거나 널리 알려진 경우에는 그 저자명을 표목으로 하고 서명을 부출표목으로 할 수 있다.

4.b 합저서:

(1) 둘 또는 그 이상의 저자가 협력하여 저술한 작품으로서 각자의 기고 분담 표시가 명확한 합작서는 그 도서에 대하여 주로 책임을 질 수 있는 저자를 표목으로 한다.

(2) 만일 그 도서의 근본이나 주되는 대상 또는 책임이 어떠한 저자에게 속하고 있다는 것이 명백히 확인될 수 없는 것은 저자가 3인을 넘지 않고 그의 서명이 각 저자의 누구에게나 적용할 수 있을 경우에는 처음에 기재된 저자명을 표목으로 하고 그 밖의 저자는 부출 한다.

그러나 만일 저자가 4인 이상일 경우에는 서명을 표목으로 하고 표제지에 최초로 기재된 저자명은 반드시 부출하고 그 밖의 저자명은 필요에 따라 부출 한다.

이상에서 보는 바와 같이 ICCP에서는 복수저작을 두 가지 조항으로 나누어 복합적으로 규정하였으나, KCR2에서는 이들을 공저서와 합저서로 나누고, 제2차로 공저서는 2-3인의 공저서와 4인 이상의 공저서로, 그리고 합저서는 주저자표시가 있는 경우와 저자의 수가 3인 이내의 경우, 그리고 저자의 수가 4인 이상의 경우로 나누어 규정하고 있다. 그러나 이들 양자 사이에는 기본적인 원칙의 차이는 없다.

ICCP:

10.3 전집

여러 저자들의 독립적인 저작이나 혹은 저작의 부분으로 구성된 한 전집은;

10.31 만일 하나의 종합서명이 있으면, 전집의 서명을 기본표목으로 하고;

10.32 만일 중합서명이 없으면, 그 전집의 첫 번째 저작의 저자명이나 혹은 그 서명을 기본표목으로 하며;

10.33 만일 편집자명이 표제지에 월등하게 나타나 있으면, 편집자명을 기본표목으로 하고, 그 서명은 부출표목으로 한다:

10.4 만약 한 저작의 연속적인 부분이 다른 저자들의 저작이면 첫
　　　부분의 저자를 기본표목으로 한다.

KCR2:

5. 합집

　b. 종합서명이 있는 것

　　1) 종합서명을 가지고 있는 전집은 서명을 표목으로 한다.
　　　　만일 편찬자명이 표제지에 뚜렷이 나타나 있는 경우, 또는 편
　　　　찬자명으로 널리 알려져 있는 경우에는 편찬자명을 표목으로
　　　　하고 서명을 부출 한다.

　c. 종합서명이 없는 것.

　　1) 여러 저자에 의하여 저술된 저작을 함께 모아 출판한 것으로
　　　　서 종합서명이 없는 것은 표제지에 최초로 기재된 저자명을
　　　　표목으로 한다.

　　2) 표제지에 저자의 표시가 없는 경우에는 그 합집내의 것 저작
　　　　물의 저자 또는 서명을 표목으로 한다.

6. 축차간행물

　d. 총서, 전집, 강좌

　　　　총서, 전집, 강좌류는 다음 (1)과 (2)의 경우를 제외하고는 그
　　　　서명을 표목으로 한다.

　　(1) 편자나 출판자명으로 더 잘 알려진 총서는 편자나 출판자명을
　　　　표목으로 할 수 있다.

　　(2) 뚜렷한 총서명이 없이 학회나 공공기관, 또는 기타 단체에서
　　　　발행한 총서는 그 단체명을 표목으로 한다.

　이상에서 보는 바와 같이 ICCP에서는 전집에 관한 규정을 다섯
가지의 조항으로 규정했으나, KCR2에서는 이들을 합집과 총서 전
집으로 구분하고, 다시 합집은 네 가지로 구분하여 보다 구체적으로

규정하고, 또한 총서 전집도 두 가지의 예외 규정을 두고 있다. 그러나 ICCP의 규정과 KCR2의 규정 사이에는 내용상의 차이는 없다.

ICCP:

11. 서명 기본표목

　11.1 서명을 기본표목으로 하는 저작은;

　11.11 어느 저자의 저작인지 확인되지 않은 저작

　11.12 4인 이상의 저작으로서 주저자가 없는 저작

　11.13 서로 다른 저자들의 독립적인 저작이나 혹은 저작의 부분의 전집이 한 종합서명 하에 발행된 경우

　11.14 (연속간행물과 정기간행물을 포함해서) 주로 또는 관례적으로 저자명보다는 서명으로 알려진 저작;

KCR2:

1. 통칙

　c. 여러 기고자에 의한 저작으로서 계속적으로 권호수가 매겨져서 출판되는 것은 그 편자가 자주 변경될 것이므로 일반적으로 그 서명을 표목으로 한다.

3. 공저서

　b. 공저자의 수가 4인을 넘을 경우에는 서명을 표목으로 하고, 주저자명 또는 주저자가 없을 경우에는 표제지에 실린 것 저자명을 부출 한다.

4. 합저서

　b. 합저자

　　(2) 만일 그 도서의 근본이나 주되는 대상 또는 책임이 어떠한 저자에게 속하고 있다는 것이 명백히 확인 될 수 없는 것은 저자가 3인을 넘지 않고 그의 서명이 각 저자의 누구에게나 적용할 수 없을 경우에는 서명을 표목으로 한다.

5. 합집

　b. 종합서명이 있는 것

> (1) 종합서명을 가지고 있는 전집은 서명을 표목으로 하는 것
> 을 원칙으로 하며, 편찬자명을 알 수 있을 경우에는 부출
> 한다.

6. 축차간행물
   a. 년감, 인명록, 전화번호부등 연차적으로 간행되는 것은 최신
     서명을 표목으로 한다.
   b. 잡지
    (1) 잡지는 최신 지명을 표목으로 한다.
    (3) 발행이 정지된 잡지는 구지명 또는 장기간 통용된 지명을
       표목으로 한다.
   d. 총서, 전집, 강좌
     총서, 전집, 강좌는 … 그 서명을 표목으로 한다.

38. 무저자명 고전
   무저자명도서로서 이미 우리나라에서 고전으로 취급되는 것은 관
용된 서명을 통일표목으로 하고, 역자, 편자, 기타 서명 등을 부출
한다.

이상에서 보는 바와 같이 ICCP에서는 서명을 기본표목으로 하는
경우를 4가지 조항으로 규정하였으나 KCR2에서는 이를 크게 공저
서, 합저서, 합집, 축차간행물 등 5가지로 구분하고, 축차간행물은
년감, 잡지, 총서 등으로 세분하여 규정하고, 또한 ICCP에서 규정하
지 않은 무저자명 고전의 경우에 대해서도 규정하고 있다. 그러나
이들 양자간에는 내용상의 차이점이 없다.

ICCP:
11.2 서명 하에 기입된 저작에 대한 통일표목은 그 원서명이거나
    혹은 그 저작의 여러 판본에서 가장 빈번히 사용된 서명이여
    야 한다;

> 그러나 만약 그 저작이 한 관습적인 서명으로 일반적으로 알
> 려져 있으면, 그 통일서명은 관습적인 서명이 된다.
>
> 11.3 여러 권호나 연속적인 부분이 서로 다른 서명을 가진 저작에
> 대한 통일서명은 그 부분이나 권호의 대부분이 또 다른 서명
> 을 가지지 않는 한 그 첫 부분의 서명이 된다.
>
> 11.4 한 연속간행물이 서로 다른 서명 하에 연속적으로 발행되는
> 경우에는, 그 서명을 가지는 연속간행물의 각각의 서명을 기본
> 표목으로 하고, 최소한 바로 직전이나 직후의 서명을 표시한다.
> 그러나 만약 서명의 상이점이 사소한 것이면, 전반적인 권호에
> 대해서 가장 빈번히 사용된 형식을 통일표목으로 채택한다.

이상의 세 가지 조항에 해당하는 조항은 KCR2에는 없다. 반드시
이에 해당하는 사례가 한국에서 발행된 자료에는 발견되지 않기 때
문이라고 판단된다.

ICCP:

> 11.5 다국 간의 국제조약이나 대회의, 그리고 뚜렷한 서명이 없이
> 발행되는 기타의 어떤 범주의 간행물은 그 저작의 형식을 반
> 영하기 위해서 채택된 통일관행표목을 기본표목으로 한다.

KCR2:

> 68. 조약
> 여러 국가간의 국제조약은 각기 조약명을 표목으로 하고 필요에
> 따라 조약체결지명, 체결 년월일을 부기 한다.

이상에서 ICCP의 경우, 통일 관행표목이라는 개념이 여기에서는
명확하지 못하지만 우리나라에서는 일반적인 관행이 조약명을 기본
표목으로 하기 때문에 직접 조약명을 기본표목으로 한다고 규정한
것으로 보인다. 이와 같이 본다면 이 조항도 KCR2의 규정이 ICCP
의 원칙에 벗어나지 않는다고 판단된다.

ICCP:

12. 개인의 인명에 대한 표목어

　　한 개인저자의 인명이 여러 개의 낱말로 이루어졌으면, 표목어의 선택은 가능한 한 그 저자가 속해 있는 나라에서 통용되는 관례에 의해서 결정하거나, 혹은 만일 이것이 불가능하면, 그 저자가 일반적으로 사용하는 언어에서 일반적으로 통용되는 관례에 의해서 결정한다.8)

　　이상과 같이 '편목원칙에 관한 성명'의 "제12항에 따르면, 그러한 인명에 대한 표목어의 선택은 기본적으로 그 저자가 속하는 국가의 관행에 기초를 두어야 한다"9)고 규정되어 있는데 이에 따라 KCR2에서는 규칙의 특정한 조항으로 규정하지 않고, KCR2의 제정원칙 중에서 "표목의 형식을 한글로만 한다"(즉, 표목은 한글로만 표기한다)10)고 결의하였으므로 이것도 역시 ICCP의 원칙에 충실히 따른 것이다. 그러나 다만 KCR2의 제정원칙 중에 "姓과 이름 사이는 반드시 콤마를 사용한다"11)고 하고, 또한 KCR2의 42조에 "개인저자는 본명을 성부터 기입하고 성과 이름 사이에 콤마를 찍는 것을 원칙으로 한다"12)고 규정 한 것은 ICCP의 원칙을 벗어난 것이다.

　　세계의 인명구조는 성·명으로 된 것과 명만으로 된 것이 있다. 전자는 다시 성·명의 순으로 된 것과 명·성의 순으로 된 것으로

---

8) IFLA. *Statement of Principles Adopted at the International Conference on Cataloging Principles*. Paris, October, 1961. Annotated edition with commentary and examples by Eva Verona. London, IFLA, Committee on Catalouing, 1971. pp. xiii-xviii.

9) IFLA. *Statement of Principles Adopted at the International Conference on Cataloging Principles*. Paris, October, 1961. Annotated edition with commentary and examples by Eva Verona. London, IFLA Committee on Cataloging, 1971. p. 119.

10) 韓國圖書館協會 編, 韓國目錄規則. 修訂版. 서울, 한국도서관협회, 1966. p. vi.

11) Loc. cit.

12) 韓國圖書館協會 編, 韓國目錄規則. 修訂版. 서울, 한국도서관협회, 1966. 42통칙.

나눌 수 있다. 성·명순의 이름에 속하는 것으로는 한국인, 중국인, 일본인, 월남인등의 인명을 들 수 있고, 명·성순에 속하는 이름은 영·미인을 위시한 서구인명을 들 수 있다. 어느 경우를 막론하고 사람의 이름은 한 요소만으로 이루어진 것과 두 개 이상의 요소로 이루어진 것으로 나누어 볼 수 있다. 이들 인명에 대한 표목의 형식을 잡는데 있어, 한 요소만으로 이루어진 것은 그대로 기입하면 되지만 두 요소이상으로 이루어진 인명의 경우는 문제가 된다.

사람의 이름이 두 요소이상으로 이루어진 것은 먼저 그 중에서 어느 요소가 기입의 기본요소가 될 것인가를 결정한다. 그 인명에 대해서 독자가 어느 요소로 맨 먼저 찾을 것인가를 판정하는 것이다. 만약 그 기본요소가 그 이름의 구조상 첫머리 부분이 아닐 경우에는 표목 상에 올릴 때 그것을 앞자리로 옮기어 놓고, 그 기본요소 다음에 콤마를 찍고 이름의 첫머리 부분을 뒤에 놓는다. 이런 경우의 예를 들면 다음과 같다.

예: Francis Bacon → Bacon, Francis

Doris Hargrett Clack → Clack, Doris Hargrett

콤마는 이렇게 두 개 이상의 요소로 이루어진 이름의 순위를 표목에서 도치시킬 때 사용한다.

목록기입에서 인명은 그의 성명의 순위가 여하튼 간에 대부분의 경우성이 그 기입의 기본요소가 된다. 따라서 그 성이 서양인명처럼 뒤에 오는 경우는 그것을 앞자리에 내 세워 성·명의 순으로 바꾸어 기술하되, 그 도치표시로 성과 명 사이에 콤마를 찍는 것이다. 그러나 한·중·일과 같이 한자 문화권에 있는 나라의 인명은 성·명의 순으로 되어 있으므로 성·명간에 콤마를 찍는 것은 잘 못된 것이다.

이상에서 ICCP와 KCR2에 기본표목 신정의 차이점을 비교 분석한 결과는 <표 2>와 같다.

<표 2> ICCP와 KCR2의 기본표목 선정

	ICCP			KCR2	
조항	내용	기본표목	조항	내용	기본표목
8	단일저자의 저작	저자명	1a	개인 및 단체의 저작	저자명
9	단체저작의 저작	단체명	64	헌법	국명 또는 주명 헌법명은 부표목
9.2	헌법, 법률과 조약	표제명	65	법령	국명. 법령집을 부표목
9.3	종속단체	종속단체명	68	조약	국명, 조약집을 부표목
			74	부설 조직체	단체명, 부설조직체명을 부표
			75	부, 과, 지부 등	목단체명, 부, 과 지부명을 부표목
10	복수저자의 저작		3	공저서:	
10.1	·주저자 표시된 경우	주저자명	3a	2-3인 공저	첫 저자명
10.2	·주저자가 없는 경우	표제지에 처음 기재된 저자명	3b	공저자가 4인 이상의 경우	서명
	·저자의 수가 2-3명	저자명	4b	합저서	
	·저자의 수가 4인이상	서명	4b(1)	둘 이상의 합저서	주저자
			4b(2)	둘 이상의 합저로 확인할 수 없는 경우	
				2-3인 경우	첫 저자명
				2-3인	서명
10.3	전집	전집의 서명	5	4인이상	
10.31	종합서명이 있는 경우	첫 번째 저작의	5b1	합집	서명
10.32	종합서명이 없는 경우	저자명 또는 서명	5c	종합서명이 있는 경우	
10.33	편집자명이 표제에 월등하게 표시되어 있는 경우	편집자명	5c(1)	편찬자명으로 잘 알려져 있는 경우	편찬자명
10.4	한 저작의 연속적인 부분이 다른 저자들의 저작	첫 부분의 저자	5c(2)	종합서명이 없는 경우	표제지에 최초로 기재된 저자명 합집내의 첫 저
				여러 저자에 의하여 저술된 저작을 함께모아 출판한 경우 표제지에 저자의 표시가 없는 경우	작물의 저자 또는 서명
			6	축차간행물	서명
			6d	총서, 전집, 강좌	편자, 출판자명
			6d(1)	편자나 출판자명으로 더 잘 알려진 총서	단체명
			6d(2)	총서명이 없이 학회, 공공기관 또는 기타 단체에서 발행한 총서	단체명

11.1.1	한 저자의 저작인지 확인되지 않은 저작	서명	1c	여러 기고자에 의한 저작으로 권호수를 이어 계속 간행되는 경우	서명
11.1.2	4인이상의 저작으로서 주자가 없는 경우	서명	3b	4인 이상의 공저자인 경우	서명
11.1.3	서로 다른 저자의 독립적인 저작이나 혹은 저작의 부분의 전집이 한 종합서명하에 발행한 경우	서명	4b(2)	주저자가 누구인지 명백히 확인할 수 없는 합저서의 경우; 저자가 3인 이하이고 그 서명이 각 저자의 누구에게나 적용할 수 없을 경우	서명
11.1.4	관례적으로 저자명 보다 서명으로 더 잘알려진 경우(연속간행물 포함해서)	서명	5b(1)	종합서명을 가지고 있는 전집	최선시명
			6a	년감, 인명록, 전화번호부 등	
			6b(1)	연차적으로 간행되는 경우	최선지명
			6b(3)	잡지 발행이 정지된 잡지	구지명 또는 장기간 통용된 지명
			6d		서명
			38	총서, 전집, 강좌 무저자명 고전	관용된 통일서명
11.2	성명하에 기입된 저작에 대한 통일표목은	여러 판본에서 가장 빈번히 사용된 서명, 원서명			
11.3	여러 권호나 연속적인 부분이 서로 다른 서명을 가진 경우	첫 부분의 서명			
11.4	한 연속간행물이 다른 서명하에 연속으로 발행되는 경우	바로 직전이나 직후의 서명 가장 빈번히 상용된 형식을 통일표목			
11.5	여러 국가간의 국제조약	조약명	68	여러 국가간의 국제조약	조약명
12	개인의 인명에 대한 표목어	각 국에 통용되는 관례 또는 저자가 일반적으로 상용하는 언어			

<표 2>에 제시된 바와 같이 ICCP의 편목원칙 제12조항 ‘개인의 인명에 대한 표목어’를 제외한 대부분을 AACR의 경우 이상으로 KCR2에서도 수용되었음을 알 수 있다.

C. KCR2에 있어서 표목부의 용어문제

KCR2에 있어서 표목부의 규정내용은 소략한 점이 있으나 그 체계와 순서는 합리적인 것으로 보인다. 그리고 표목부를 2구분한 것은 좋았으나, 제1장의 제목을 “基本記入의 選定,” 제2장의 제목을 “標目形式”이라고 한 것은 그 내용에 부합되지 않는다. 특히 記入이라는 용어는 日本語에서 전용된 것으로 우리나라의 어의에 맞지 않고, 또한 영어로는 entry(著錄)에 해당하는 것으로 이에 적절하지 못하므로, 전장의 D항 “AACR2R에 있어서 표목부의 체계문제”에서 이미 말한 바와 같이 이 記入이라는 용어 대신에 표목이라는 용어가 적절하다고 판단된다. 따라서 이를 ‘기본표목의 선정’이라고 하는 것이 합리적이다. 또한 제2장에서는 표목의 형식만을 규정하는 것이 아니라 그것이 기본표목이던 부출표목이던 상관없이 여러 가지의 표목과 그 형식 중에서 보다 확실하고 합리적인 표목을 선정하기 위한 규정들이 포함되어야 한다. 이를 다시 요약해서 말하면 모든 표목을 통제하는 것이다. 그러므로 제2장에서는 “표목의 통제”라고 하는 것이 합리적이다.

따라서 KCR도 AACR2의 경우와 마찬가지로, 제1편은 기술부로 하고, 제2편은 표목부로 하되, 그 제1장은 기본표목의 선정, 제2장은 표목의 통제로 하는 것이 합리적이라고 판단된다.

D. KCR3에 있어서 표목부와 관련된 제 문제

본 절에서는 한국편목규칙 표목부의 정립을 위하여 KCR3에서의 표목부와 관련된 제 문제점을 살펴보고자 한다.

1. 표목부에 대한 규칙의 미비

Ⅱ장에서 살펴본 바와 같이 1966년에 발행된 韓國目錄規則수정판까지는 빈약하나마 '基本記入의 選定'과 '標目의 形式'에 관한 규정이 있었다.13) 그러나 KCR3에서는 이를 삭제하고 단행본에 대한 記述部 만을 수록하고 말미에 짤막한 '標目올림指示'편을 붙여서 발행하였던 것이다. 그래서 KCR3 에는 표목의 선정과 그 형식에 관한 규정이 없다.

그 서문에서 보면 "우선 급한 대로 완성된 記述篇과 標目올림指示篇을 첫권으로 펴내고, 나머지 篇들은 그의 완성을 기다려 나중에 권을 달리해서 펴낼 작정이다"14)라고 했는데, 그 후 8년 후인 1990년에 발행한 3.1판에서도 標目에 대한 규정은 수록하지 않았으며, 15년이나 지난 현재까지도 그대로 남아 있는 사항이다.

그런데도 그 서문에 보면 "標目에 대한 규정은 가급적 ISBD와 AACR2에 준거하느라고 애썼다"15)고 하고, "標目올림指示에 쓰이는 文字와 形式은 標目篇에서 규정한 標目의 그것과 똑같이 취한다"16)고 했기 때문에 KCR3에는 標目에 대한 규정도 있는 것처럼 독자들로 하여금 혼돈을 야기하게 하였다.

2. 서명기본표목으로의 오도

한편 기술부에 대한 규칙 중의 '줄머리자리 잡는법'에서는 "記述의 줄머리자리(indention) 잡는 법은 첫줄 내쓰기式(hanging indention)의

---

13) 韓國圖書館協會. **韓國目錄規則**. 修正版. 서울, 한국도서관협회, 1966. pp. 1~60.
14) **韓國目錄規則. 3版: 記述·標目올림指示篇**. 서울, 한국도서관협회, 1983. p. 7.
15) Loc cit.
16) Ibid. p. 90.

기재형식을 취한다"17)고 하고, 다음 <표 3>과 같이 예시하고 있다.

<표 3> 첫줄내쓰기식 기재형식

書名著者事項--------------------------
------------------------版事項--------
------發行事項------------------------

形態事項----------------(叢書事項--------
------------------)
註記事項------------------------------

書籍番號 求得條件事項--------------------

그리고 KCR3 마지막에 있는 '標目올림指示'에서도 다음과 같이
첫줄 내쓰기式의 기재형식으로 예시되어 있다.18)

廣州方言硏究 / 高華年著. -- 香港: 商務印書館, 1980
　　iv, 4, 383p. ; 20cm
　　ISBN 962-07-4003-3: HK16.00
　　1. 광주방언연구. 2. 고화년. 3) 728

인간회복의 정치론 / 장을병 지음. -- 사을: 평민사, 1982
　　270p. ; 21cm. -- (정치외교총서); 4)
　　저자가 이미 발표했던 16편의 논문을 모아 엮은 것.

---

17) Ibid. p. 27.
18) **韓國目錄規則. 3版: 記述·標目올림指示篇.** 서울, 한국도서관협회, 1983.
　　 p. 91.

주요목차: 한국정치발전론. 한국정치형태론. 한국정당론.
한국선거론.
3,500원
1. 저자. 2. 총서. 3) 340.4 4) 340.911. 5) 340.22
春園研究 / 金東仁著. -- 서울 新丘文化社, 1956.
213p. ; 21cm
春園은 李光洙의 號임
1. 춘원연구. 2. 김동인. 3) 813.6 -- 이광수. 4) 810.92 -- 이광수.
5) 이광수.

기타에도KCR3에서는 '별법'으로 "줄머리자리 잡는법을 모든 줄 다내쓰기式(block indention)으로 취할 수도 있다"고하고, 또한 "文段別 첫줄들여쓰기式(indented form)으로 취할 수도 있다"19)고도 했으나 결국은 첫줄 내쓰기식의 기재형식을 권장하고 있는 것이다.

그렇기 때문에 도서관의 현장에서는 KCR3은 첫줄 내쓰기式의 기재형식이 원칙인 것으로 인식되고 있으며, 또한 서명이 기본표목이 되는 것으로 인식하게 되어 있다. 이상의 예시에서 보는 바와 같이 표목올림지시사항에서도 서명이 첫째의 표목으로 지시되어 있기 때문이다.

이상의 예시에서 두 번째 '인간회복의 정치론'에서의 표목지시에서는 '저자'가 첫 번째로 되어 있으나 그것은 "書名記入으로서 올려지는 書名標目의 文字와 形式이 띄어쓰기 외에는 記述部의 첫머리 書名의 그것과 완전히 일치할 경우에는 書誌記述유니트카드를 그냥 書名記入으로 삼고, 書名記入을 위한 書名標目의 올림지시는 생략한다"20)고 규정하고 있으므로 역시 서명이 기본표목으로 지시된 것이다. 따라서 KCR3에는 표목의 선택이나 그 형식에 대한 규정은 전

---

19) 韓國目錄規則. 3版: 記述 · 標目올림指示篇. 서울, 한국도서관협회, 1983.
   p. 91.
20) Ibid., p. 90.

혀 없는데도 결과적으로는 모든 著錄을 서명기본표목으로 하는 것이 원칙이라고 판단하게 되어 있는 것이다.

더구나, '온라인목록의 실현으로 모든 기입이 대등한 접근점을 갖게 되었으므로, 저자기본기입법의 의미가 약화되었으며, 서명기입의 우위성을 가지게 되었다.

따라서 앞으로의 편목규칙에서는 저자기본기입을 배제하고, KCR3에서 채용하고 있는 것과 같이 서명으로 시작하는 기술방식의 도입이 요청된다'21)는 견해도 제시되고 있다. 그러나 온라인목록의 경우뿐만 아니라 종래의 카드목록의 경우도 이용자의 입장에서는 기본표목이던 부출표목이던 검색을 위한 접근점으로서의 가치는 동일하다. 그리고 온라인목록에서는 서지기술사항에 기재된 모든 사항 예를 들면 발행지나, 발행처나, 발행연도까지도 접근점이 될 수 있다.

그러나 기본표목은 도서기호의 대상이 되는 것이고, 도서기호는 문헌분류와도 직접적으로 연결되는 것으로서, 모든 著錄을 서명기본표목으로 하면 이것은 '동일한 주제 동일한 저자의 문헌을 동일한 서가 상에 배열한다'는 문헌분류의 원칙에도 위배될 뿐만 아니라, 이미 Cutter-Sanborn을 비롯한 기타의 모든 저자기호법(한국문헌호표 포함해서)22)에 따라서 기호가 매겨진 장서의 배열체계가 파괴될 수밖에 없다. 그리하여 AACR을 비롯한 세계의 주요한 편목규칙들은 저자명을 알 수 없는 고전이거나, 네사람 이상의 저작이거나, 기타 특수한 저작 이외에는, 모두 저자명을 기본표목으로 삼는 것을 원칙으로 하고 있는 것이다. 따라서 저자명 기본표목원칙을 배제하는 것은 국제적인 관행을 위배하는 것이다.

---

21) 김태수. 독일목록규칙의 주기입법에 관한 연구. 박사학위논문, 연세대학교, 1991. p. 101.
22) 鄭馹謨 編. **韓國文獻記號表**. 서울, 中央大學校圖書館學會. 1982.

E. 「한국문헌목록정보」에 있어서 인명표목의 문제점

본 절에서는 접근점으로 선정될 때 가장 많은 문제점이 야기되는 인명표목의 문제점을 한국문헌목록정보를 중심으로 분석해 보고자한다.

우선 KORMARC 기술규칙과 KCR3에는 표목부에 대한 규칙이 없는데 한국문헌목록정보의 1001에 기본표목의 자리가 지정되어 있고, 7001에는 저자부출표목의 자리가 지정되어 있다. 그러나 한국문헌목록정보23)의 상세정보를 보면 기본표목의 선정에 있어서 일관성이 없다. 하나의 예를 들면, 羅寬中이 저작한 三國志(演義)를 李文烈이 평역하여 三國志라는 서명 하에 전질 10권으로 民音社에서 세 번(1988, 1990, 1994)에 걸쳐 발행된바 있는데, 이들 중 어떤 권질은 '나관중'을 기본표목으로 선정하고, 어떤 권질은 평역자인 '이문열'을 기본표목으로 선정하고 있다.24) 성과 이름 사이에 콤마를 찍은 경우도 있고, 찍지 않은 경우도 있는데, 예를 들면 다음과 같다.

    예: 1001 $a이문열%
        24510$a三國志 / $d이문열 평역.$n제1권 - 제10권%
        260 $a서울: $b民音社, $c1988%

        1001 $a이문열%
        24510$a(李文烈 評譯)三國志 / $d이문열 지음. $n제1권:
        $p桃園에 피는 義%
        260 $a서울: $b民音社, $c1990%

---

23) 국립중앙도서관. 「한국문헌목록정보」: 1997 가을판. 서울, 한국도서관협회, 1997.
24) 국립중앙도서관. 한국문헌목록정보 = *Korean MARC on Disc.* 1997 가을판. 서울, 국립중앙도서관, 1997. '이문열'표목 하의 三國志참조.

1001 $a나, 관중%

24510$a三國志 / $d나, 관중 지음; $e李文烈 평역.$n

제1권: $p도원(桃園)에 피는 의(義)%

260 $a서울: $b民音社, $c1994%

따라서 한국문헌목록정보에서 무엇을 기준으로 기본표목과 부출표목을 선정하고, 각 표목의 형식을 결정했는지 알 수가 없다. 여하간 이러한 현상은 현재 KCR3이나 KORMARC기술규칙에 표목부에 대한 규칙이 없기 때문에 목록작성자 임의로 원칙 없이 편목했기 때문이라고 판단된다. 따라서 KCR3의 표목부에 대한 규칙의 제정이 시급한 과제이다.

둘째 현재 KCR3에는 표목부에 대한 규칙이 없지만 KCR2에서는 우리나라나 기타 동양인명의 경우도 한글로 표기하고 있는데, 이것은 당연하다. 그러나 姓과 이름 사이에 콤마를 찍고 있는데, 이것은 서양의 관행을 그대로 모방한 것으로 잘못된 것이다. ICCP의 제12 조항에 의하면 '그 나라에서 통용되는 관례에 의해서 결정한다' 고 되어 있으며, AACR2R의 규칙22.3B4에서는 "22.3B1-22.3B3에 포함되어 있지 않는 모든 인명의 경우에는 개인의 거주 및 활동국의 참고정보원에서 가장 자주 사용되는 형식을 선정한다"고 되어 있다. 그러므로 우리나라의 인명표기법에 대해서는 이미 1971년도에 한국도서관협회에서 IFLA에 통보한[25] 바와 같이 姓名을 한글로 표기하던 혹은 영어나 기타의 외국어로 표기하던 본래 姓 다음에 이름을 기술하되 姓과 이름 사이에 콤마를 찍지 않는 것이 전통적인 관행이므로 이와 같이 정정되어야만 할 것이다.

셋째로 한국인의 인명을 한글로만 표기하는데 있어서는 여러 가지

---

25) 한국도서관협회 목록분과위원회. 韓國人名의 構造와 그 記入法에 대하여: IFLA 매뉴얼 人名記入法의 韓國項目을 위한 우리의 보고. 도협월보. 한국도서관협회. 1971. 제12권 8호. pp. 8~10.

문제가 제기된다. 우선 우리나라의 姓氏는 다음의 <표 4>에서 보는 바와 같이 同音異姓이 상당히 많다.

<표 4> 한국의 同音異姓표[26]

01 강: 姜, 康, 强, 彊, 剛	20 석: 石, 昔, 碩	39 이: 李, 伊
02 경: 慶, 景	21 선: 宣, 先	40 임: 任, 林
03 구: 具, 丘, 邱	22 성: 成, 星	41 장: 張, 蔣, 章, 莊
04 국: 鞠, 國, 菊	23 소: 蘇, 邵	42 전: 田, 全, 錢
05 기: 寄, 箕	24 순: 荀, 順, 舜, 淳	43 정: 鄭, 丁, 程
06 나: 羅, 奈	25 승: 承, 昇	44 조: 趙, 曺
07 노: 盧, 魯, 路	26 시: 施, 柴	45 존: 鍾, 宗
08 단: 段, 單, 端	27 신: 申, 辛, 愼	46 주: 朱, 周, 奏
09 도: 都, 道, 陶	28 양: 梁, 揚, 襄,	47 지: 池, 智
10 돈: 敦, 頓	29 여: 呂, 汝, 余	48 진: 陳, 晉, 眞
11 마: 馬, 麻	30 연: 延, 連, 燕	49 창: 昌, 倉
12 모: 牟, 毛	31 염: 廉, 閻, 慊	50 채: 蔡, 菜
13 반: 潘, 班	32 예: 芮, 藝	51 초: 楚, 肖
14 방: 方, 房, 房, 旁, 邦	33 옹: 邕, 雍	52 추: 秋, 鄒
15 범: 范, 凡	34 우: 禹, 于	53 편: 片, 扁
16 변: 邊, 采	35 원: 元, 袁	54 포: 包. 鮑
17 빈: 賓, 彬	36 위: 魏, 韋	55 하: 河, 夏
18 사: 史, 舍, 謝	37 유: 柳, 劉, 兪, 庚	56 한: 韓, 漢
19 서: 徐, 西	38 은: 殷, 恩	57 호: 扈, 胡

이상의 <표 4>에서 보는 바와 같이 漢字로는 전혀 다른 姓인데 한글표기로는 동일한 姓이 되는 경우가 57개 姓이나 된다. 따라서 한글로만 표기된 인명은 우선 姓의 구별이 되지 않는 경우도 많으므로 인명표목에 있어서는 성명의 한글표기 다음에는 그에 해당하는 漢字人名을 기입해서 이에 따라 다시 체계적으로 배열해야만 각각의 저자명이 개별화 될 수 있다.

넷째로 이상의 예와는 오히려 반대의 경우이지만, 李를 "이"와 "리"로, 柳를 "유"와 "류"로, 羅를 "나"와 "라"로 하는 등 사람에 따

---

26) 崔德敎, 李勝羽 編著. **韓國姓氏大觀**. 서울 創造社, 1971. p. 2~9.

라 표기를 다르게 하는 경우가 많다. 그러나 다행이 최근에 李는 "이"로, 柳는 "유"로, 羅는 "나"로 표기하도록 호적법 시행규칙27)에 규정하였으므로 이 규정에 따르도록 해야 할 것이며, 이미 "리"와 "류", "라"로 표기된 표목을 수정해야 할 것이다.

다섯째로 이상에서도 보는 바와 같이 漢字에는 同音異字가 많기 때문에 한국인의 인명은 同音異名도 상당히 많다. 예를 들면 다음과 같다.

同音異名
김영호: 金永虎, 金永浩, 金永鎬, 金英昊, 金英浩, 金英鎬
金泳鎬, 金榮昊, 金榮湖, 金榮豪, 金榮鎬, 金瑩昊

그러므로 한국인의 인명에 대한 한글표기만으로는 각각의 인명이 개별화될 수가 없고, 따라서 각 저작자의 문헌이 일정한 순서에 따라 한 자리에 정열되지 못하고 무질서하게 분산될 수밖에 없다. 따라서 이용자들은 검색이 불편하고 또한 그 효율성이 저하된다. 따라서 우리나라의 인명표목은 한글로 표기한 다음 漢字의 인명을 기입해서 한자의 일정한 순서(컴퓨터에 입력된 한자코드 순)에 따라 배열해야만 각각의 인명이 개별화 될 수 있다.

그러나 우리나라는 특히 金씨, 李씨, 朴씨, 尹씨, 鄭씨 등 이른바 五大姓氏의 경우에는 同名異人이 상당히 많기 때문에 이러한 동명이인을 구별하기 위한 방안을 강구해야만 한다. 외국인의 경우도 AACR2R을 비롯해서 대부분의 편목규칙에서 동명이인을 구별하기 위해서 姓名 다음에 그의 생몰년을 기입하고 있는 것이다. 일반 이용자들은 현대의 저자들에 대하여 생몰년에 의해서 동명이인을 구별하는 것도 쉽지 않다.

---

27) 朝鮮日報. 1995년 12월 21일자. 「호적에 리-라-류씨 표기 불가」 앞으로 리, 류, 라씨 성을 가진 사람들은 호적부에 기재할 때 한글 맞춤법에 따라 이, 유, 나씨로 통일표기해야 한다.

KCR2 44에 보면 '동성동명의 저자는 생몰년으로 구별한다. 만일 생몰년을 알 수 없거나 또는 생몰년만으로서 구별하기 어려운 경우에는 歷朝名(국적), 직업, 世系 등을 원괄호로 묶어 부기하도록 규정하고 있다. 이러한 실례는 다음과 같다.

예: 이, 순, ? - 755(新羅)
　　이, 순, ? - 1507 (朝鮮)
　　　經國濟世內編註解, 李純 著.

　　스즈키, 신타로오, 1895 - (文學者)
　　스즈키, 신타로오, 1895 - (畵家)

이와 같은 방법은 서구식 용법에 따른 것이다. 목록을 작성하는 입장에서는 동명이인을 구별할 수 있는 방법은 되지만 이용자들에게는 크게 도움을 주지 못할 것으로 판단된다. 우선 이용자들은 저작자들의 생몰년이나 저자의 직업을 미리 알고 있을 가능성도 없으므로 이용자들의 식별요소가 될 수는 없기 때문이다.

이상과 같은 문제점을 해결하기 위한 방안은 다음 장에서 제시하고자 한다.

Ⅳ. 한국편목규칙 표목부의 개선방안

앞장에서 분석한 한국편목규칙 표목부의 문제점을 토대로 하여 본 장에서는 첫째 기본표목의 선정방안, 둘째 표목에 쓰이는 문자의 표기방안, 셋째 앞장에서 제시한 인명표목의 문제점에 대한 개선방안, 넷째 표목의 통제를 위한 전거레코드의 지침을 제시하고자 한다.

A. 기본표목의 선정

현대의 정보화환경은 목록 분야에서도 엄청난 변화를 가져 왔으며, 앞으로는 더욱 그 변화가 가속화 될 것으로 보인다. 그리하여 AACR2R과 USMARC에서도 온라인 환경에 합리적으로 부합되도록 하기 위해서는 앞으로 상당한 변화가 있을 것으로 예견된다. 따라서 우리나라의 경우도 예외가 될 수 없으므로 현재까지 온라인 목록과 관련된 연구 결과를 신중히 분석해 볼 필요가 있다. 이러한 변화와 관련하여 목록의 표목부에 대한 견해를 살펴보면, Wajenberg는 "온라인목록을 위한 규칙은 결국 표목의 선정과 그 형식에 대한 규칙에서는 대단히 많은 급진적인 변화를 강요할 것"[28]이라고 말하고 있다. 여기에서 '표목의 선정'이란 기본표목의 선정을 의미한다고 해석되고, '그 형식'이란 기본표목 뿐만 아니라 모든 부출표목 까지도 포

---

28) Arnold S. Wajenberg. The Future of Cataloging Standards. In; *Illinois Libraries.* 1990. 72(6). p. 495.

함되는 것으로 해석된다. 한편 Tucker는 미래의 온라인환경과 관련해서MCR2R에 있어서의 "표목의 형식을 위한 규칙에 있어서는 거의 변경이 없을 것이고, 기본표목의 선택을 위한 규칙에서는 몇 가지의 조정이 있을 것"29)이라고 예견하였다.

이상에서 보는 바와 같이 온라인목록에 있어서의 '기본표목의 선정'과 '표목의 형식'을 위한 규칙에 있어서의 미래의 변화에 대한 이들의 견해는 상당한 차이를 보이고 있다. 그러나 이들은 접근점의 선택 (또는 표목의 선택)과 그 형식에 있어서 변경해야 할 이유와 구체적인 사례를 제시하지 않고 있다.

이들의 견해를 다시 분석해 보면, 우선 '기본표목의 선정'에 대한 규칙에 있어서 Wajenberg는 '급진적인 변화가 있을 것'이라고 예견하고, Tucker는 '몇 가지의 조정이 있을 것'이라고 예견하고 있는데, 이 '기본표목의 선정원칙' 이미 제1장에서 살펴 본 바와 같이 1961년에 ICCP에서 채택한 '편목원칙에 대한 성명'의 주된 내용으로서 이 원칙이 1967년에 발행된 AACR에 그대로 반영되었고, 그 후 AACR2와 AACR2R에서도 변함없이 그대로 준수되고 있다. 최근에 발표된 Nancy B. Olson이 편찬한 Cataloging Internet Resources: A Manual and Practical Guide의 제4장 Bibliographic Access를 보면 "기본표목 [MARC 100, 110, 111, 130 또는 1xx가 없을 경우 245]은 AACR2 제21장의 규칙에 따라 선정된다. Computer file의 기본표목은 없다" 고 했으며, "부출표목[MARC 7xx]도 AACR2에 따라 작성된다"30)고 하였듯이 필자의 견해도 온라인목록에서 표목부에 관련된 규칙은 거의 변화가 없을 것으로 보인다.

---

29) Ben R. Tucker. Interpretation of 1988 Revision. In; *The Origins, Content, and Future of AACR2*. Rivised ed by Rechard P. Smiraglia. Chicago, ALA. 1992. p. 41.

30) http://www.oclc.org/oclc/man/9256cat/chap4.htm
Cataloging Internet Resources: A Manual and Practical Guide. Nancy B. Olson, Editor. 2nd ed. 1998.

다만 Tucker가 말한 바와 같이 '기본표목의 선정을 위한 규칙에서 몇 가지의 조정이 있을 것'이라면, 종전에 네 사람 이상의 공저서에 있어서 주저자가 없을 경우는 서명을 기본표목으로 선정하도록 했는데, 이제 온라인 환경에서는 혹 이 공저자수의 범위를 더 늘인다거나, 혹은 모든 공저서의 경우도 그 표제지에 첫 번째로 기재된 저자명을 기본표목으로 한다거나 하는 방안을 검토해 볼 수가 있다.

그러나 이 기본표목은 그것이 도서기호의 대상이 되고, 동시에 분류번호와 함께 자료의 서가배열의 기준이 됨으로 만약 이 규정을 변경한다면 기존의 서가배열체계와 앞으로의 배열체계가 상당히 달라지게 된다. 한편 '동일저자의 동일한 주제, 동일한 내용의 저작을 동일한 장소에 집결시킨다'고 하는 분류의 원칙에도 위배될 뿐만 아니라 서가배열에 있어서도 대단히 큰 혼란이 야기될 가능성이 많다. 또한 실제의 도서관이 없는 사이버공간에서의 정보검색에 있어서도 검색의 효율성이 떨어 질 수밖에 없다.

한편 이러한 서가배열에 있어서의 대 혼란을 감수하면서라도 종래의 규칙 또는 관행을 탈피해서 새로운 규칙으로 변환해야만 할 충분한 이유는 없다고 판단된다. 그러므로 네 사람 이상의 공저서나 합저서에 대한 종래의 기본표목의 선정규정을 그대로 유지하는 것이 유용할 것이다.

이상에서 보는 바와 같이 종래의 기본표목 선정원칙은 온라인환경에서도 변경되지 않을 것으로 판단된다.

B. 표목에 표기되는 문자

다음으로 온라인목록과 관련하여 Wajenberg는 MCR2R에 있어서의 '표목의 형식'에 대한 규칙에 있어서 "대단히 많은 급진적인 변화”가 있을 것이라고 예견했고, Tucker는 “거의 변경이 없을 것”이라고 예견했는데, 이 문제는 이미 AACR2R에 규정된 대로 변경이 없을 것이라는 것이다.

ICCP의 편목원칙의 제12항에 따르면, “한 개인저자의 인명이 여러 개의 낱말로 이루어졌으면, 표목어의 선택은 가능한 한 그 저자가 속해 있는 나라에서 통용되는 관례에 의해서 결정하거나, 혹은 만일 이것이 불가능하면, 그 저자가 일반적으로 사용하는 언어에서 일반적으로 통용되는 관례에 의해서 결정한다”31)고 규정되어 있다. 그리고 “하나의 알파벳 목록 저록에 있어서 첫 번째로 선택되는 개인의 인명에 대한 부분은, 특히 아프리카와 아시아에 있어서는, 여러 가지의 국가적 언어적 관습에 따라 좌우되고, 또한 복합姓과 경칭이 앞에 붙는 姓을 취급하는데 있어서 많은 다양성이 있다. 그러한 인명에 대한 표목어의 선택은 기본적으로 그 저자가 속하는 국가의 관행에 기초를 두어야 한다”32)는 것이다. 그리하여 이 요건은 대체로 파리 규정 이후에 일반적으로 표목어의 선택에 수용되었다.

그러나 AACR에서는 영어형식으로 확립된 인명을 가진 사람은 물론, 로마 알파벳문자가 아닌 문자를 사용하는 사람의 인명의 경우도 모두 로마자화하는 것을 원칙으로 하고 있다. 예를 들면 AACR2R에서는 “그의 인명이 비로마자로 쓰인 이름(given name)을 앞세워 기입된 사람에 대해서는 영어로 쓰인 참고자료에 잘 정립된 인명의 형식을 선택한다”33)고 규정하고, AACR2에서는 “만약 姓을 앞세워 기입된 인명이 비로마자로 쓰여졌으면, 그 편목기관에서 채택한 언어에 대한 表에 따라서 그 인명을 로마자화 한다”34)고 규정하고 있다.

---

31) IFLA. *Statement of Principles, adopted at the International Conference on Cataloging Principles.* (Paris, October, 1961) Annotated ed. London IFLA Committee on Cataloguing, 1971. p. xviii.
32) Ibid., p. 119.
33) AACR2R. 22.3C1.
34) AACR2. 22.3C1.

이와 같이 저작자체가 어떤 문자나 언어로 쓰여졌던 그 저자명이나 서명 등을 모두 알파벳문자나 영어만으로 표기하는 것은 합리적인 방법이라고 볼 수가 없다. 더구나 이것은 ICCP의 편목원칙 중에서 "한 개인저자의 인명이 여러 개의 낱말로 이루어졌으면, 표목어의 선택은 가능한 한 그 저자가 속해 있는 나라에서 통용되는 관례에 의해서 결정한다"35)고 하는 원칙에도 위배될 뿐만 아니라 이것은 영미권의 이용자들에게도 유용성이 적을 것이다. 왜냐 하면 알파벳 이외의 다른 문자로 쓰인 문헌은 이용자가 그 문자나 언어를 알지 못하면 그 문헌을 읽을 수가 없으므로, 표목에 쓰이는 언어도 그 원저작에 쓰인 언어로 표기하는 것이 합리적이기 때문이다.

이와 마찬가지로 우리나라에서 발행되는 모든 문헌에 대한 목록의 서지기술사항이나 표목에 대한 기입문자는 우리나라 사람을 위해서나 외국인을 위해서도 모두 한글로 표기하는 것이 유용하고 합리적이다. 그러나 인명표목의 경우 배열의 기준이 되는 표목의 식별요소가 한글 인명만으로 되어져 있기 때문에 전술한바와 같이 OPAC에서의 검색 시 문제가 있다. 특히 OPAC의 간략정보에 접근한 이용자들의 경우 동명이인을 구별할 수 없다. 이용자가 찾고자 하는 저자인지 아닌지를 확인하기 위해서는 검색된 저자들의 상세정보를 하나하나 다시 확인하여야만 되는 불편함이 있다. 이것은 어떠한 원칙이 없이 동명이인을 배열하였기 때문이다. 그러므로 동명이인의 식별요소가 필요하다. 앞장에 제시한 것처럼 동명이인의 식별요소는 다음과 같은 원칙에 의해 기술되어야 할 것이다.

첫째, 한자문화권에 있는 우리나라의 경우 한자인명의 한자는 식별 상 중요한 요소가 됨으로 동명이인의 1차 식별요소는 한자인명으로 하되, 표목인 한글인명과의 명확한 구별을 위하여 원괄호속에 묶

---

35) IFLA. *Statement of Principles adopted at the International Conference on Cataloging Principles.* (Paris, October, 1961) Annotated ed. London IFLA Committee on Cataloguing, 1971. p. xviii.

어서 부기한다. 이러한 방법은 일본목록규칙, 중국편목규칙에서 적용시키고 있는 방식이다.

둘째, 1차 식별요소가 동일할 경우에는 2차 식별요소로 주제명을 부기하고, 2차 식별요소까지 동일한 경우에는 3차 식별요소로 생몰년을 부기한다. 단 3차 식별요소까지 동일한 경우에는 생년월일을 4차 식별요소로 한다.

셋째, 저자가 한글 이름(예를 들면, 한우리, 한샛별, 한초롱초롱 등)만 사용하는 경우에는 한글명 바로 다음에 주제명, 생몰년순으로 부기한다.

이상과 같은 식별요소를 부기함으로서 이용자들이 찾고자 하는 저자의 저작을 신속하고 정확하게 검색할 수 있을 뿐만 아니라 관련된 저작들까지 동시에 한곳에서 검색할 수 있는 이점이 있다.

C. 저자명표목의 문제점에 대한 개선방안

국립중앙도서관의 한국문헌목록정보, 한국교육학술정보원의 종합도서목록, 서울대학교중앙도서관의 도서목록에 있어서 저자명으로 간략정보에 접근하면 검색된 리스트의 서명난에는 서명의 '가나다'순으로 배열되어 있고, 저자명난에는 漢字로 쓰인 저자명과 한글로만 표기된 저자명이 일정한 원칙없이 혼합되어 열거되어 있다. 하나의 예를 들면, '김영호'라는 저자명으로 간략정보에 접근해 본 바, 그 중의 한 부분만 예시하면 다음 <표 5, 6, 7>과 같다.

다음 <표 5, 6, 7>에서 보는 바와 같이 '김영호'라는 인명으로 검색된 '서명'난에는 서명의 '가나다'순으로 배열되어 있고, 저자명 기입난에는 漢字로 쓰인 '김영호'와 한글로만 표기된 '김영호'가 일정한 원칙이 없이 혼합되어 열거되어 있고, '김영호' 이외의 저자명도 약 4분의 1이나 혼합되어 있다.36)

<표 5> 국립중앙도서관의 한국문헌목록정보에서 '김영호'에 대한
간략정보의 일부분

순번	서　　　명	저　자　명	발　행　사　항	
5	建築設備	金英浩 著	普文堂	1993
6	경제의 현장	金榮豪 著	東泉社	1985
7	告白錄	루소	學園出版公社	1983
8	古時調와 漢詩	金永鎬 編著	三岡文化社	1992
9	골짜기의 백합	발자크 著	廷文社	1982
10	工具設計	白南柱	塔出版社	1981
11	空氣調和設備	金英浩	普文堂	1993
12	空氣調和設備	金英浩 著	普文堂	1991
13	공동체 교회 운동과 기독교 교육	김영호 지음	종로서적출판	1991
14	科學으로서의 經濟學	Kenneth E.B	乙酉文化社	1973
15	관권경제 특혜경제	金榮豪 著	CPI/月刊엔터	1988
17	광고의 이해와 활용	김영호 저	대구대학교출	1997
18	교회 교육방법론	김영호 지음	종로서적	1985
19	교회교육 행정	김영호 지음	종로서적	1985
20	國稅基本法論	金榮湖 著	韓國稅政新報	1975
21	그림없는 그림책	Hans Christi	文學出版社	1974
22	近代 동아시아와 日本帝國主義	金泳鎬 編	한밭출판사	1983
23	基本日本語會話	金永浩 著	三志社	1990
24	끝나지 않은 日記	김영호 지음	대학출판사	1995
25	나의 PR법	김영호 편저	꿈이있는집	1993
27	당신의 肖像	金永鎬 著	大提閣	1993
28	대학불어작문	김영호	신아사	1992
29	덴마크의 새마을 運動	Peter Mannic	서울大學校	1974
30	獨立宣言書	김영호 편저	삼강교재개발	198
31	獨逸公益經濟理論과 協同組合	Theo Thimey	서울大學出版	1976
32	獨占規制法	金英鎬 著	汎論社	1987
33	돈, 섹스, 권력	리차드 포스	두란노서원	1989
34	동방의 등불을 다시 밝히자	金英鎬 著	뿌리出版社	1989
36	매킨토시 워크숍	김영호 지음	성안당	1997

---

36) 김영호 이외의 저자명이 기입되어 있는 이유는 그 자료의 주저자는 다른
사람이고, 김영호는 부차적 저자이기 때문이다.

<표 6> 한국교육학술정보원의 도서종합목록에서 김영호에 대한
간략정보의 일부분[37)

번호	서명/저자사항	저　자	출판사항
1	康津郡誌 / 金永濠 著.	김영호	[발행지불명]: [발행자불명], 1966.
2	大山宗法師法門集/ [大山宗法師 著]. Ⅱ	대산	[이리]: [원불교법무실], [19--]
3	協同組合論 / 金永浩 著.	김영호.	서울: 博文出版社, 1949.
4	敎授任用關係著述集: 서울大學校 / 김영호. 1: A Study of thecharacteristics of effedtive individualized instruction programs, 外4篇.	김영호.	서울: 서울大學校, [19--].
5	協同組合論 / 金永浩 著.	김영호	서울: 博文出版社, 1948.
6	全羅南道誌 麗水郡抄略/ 金永濠 著.	김영호	[여수]: [발행자불명], 大正13[1924].
7	濯纓先生集 / 金馹孫 著; 金榮灝 編.	김일손, 1464-1498.	京城(서울): [발행처불명], [大正9(1920)]
8	幸福論 / B. 러셀 著; 金榮鎬, 金淙鎬 共譯. v.86	럿셀, B.	서울: 博英社, 19- .
9	抗日運動家의 日記 / 金泳鎬 編. v.195	김영호	서울: 瑞文堂, 19- .
10	[서울대학교 보존용 석사학위 논문집]. 학위수여번호 527-531.	김영호	서울: 서울대학교 대학원, 1959.
11	헷세詩集 / Hermann Hesse 朴贊機; 金榮皓 共譯.	헤세, 헤르만,	서울: 敎養文化社, 단기4292[1959]
12	시집/ Hermann Hesse 저 朴贊機, 金榮皓 공역	헷세, 헤르만.	서울: 교양문화사, 1962
13	科學으로서의 經濟學 / Kenneth E. Boulding 저; 金永鎬 역. v.114	Boulding, Kenneth E.	서울: 乙酉文化社 1969-
14	協同組合運動: 그 發展과 우리의 方策/ 金榮鎬 著.	김영호	서울: 民潮社, 1968.
15	韓國現代史 / 金泳鎬 [等]著. 第3卷: 民族의 抵抗	김영호	서울: 新丘文化社, 1969

<표 7> 서울대학교 중앙도서관 도서목록에서 김영호에 대한
간략정보의 일부분38)

번호	서 명	저 자	년도	유형	청구기호
1	주문진 연안역의 북한한류계수의 물	김영호	1999	BK	중앙 TM 551.4 1999 G429j
2	Tao-Sheng s commentry on th Sadd	김영호	1985	BK	중앙 TD 200 1985f G429t
3	Structural modifications associat	김영호	1985	BK	중앙 TD 574 1985f G429s
4	대학 자원복지(봉사) 교육훈련의 효	김영호	1998	BK	중앙 361.37 G429d
5	People s tradition of religious	김영호	1992	BK	중앙 TD 370 1991f G429p
6	Public diplomacy and cultural comm	김영호	1990	BK	중앙 TD 350 1990f G429s
7	A study of dynamic interfacial mec	김영호	1995	BK	중앙 TD 660 1996f G429s
8	韓國における資源福祉(ボランテイア)	김영호	1993	BK	중앙 TD 360 1993f G429k
9	Epuation of state and phase tra	김영호	1989	BK	중앙 TD 551 1989f G429e
10	와르르 공화국	김영호	1998	BK	중앙 330.951077 G429w
11	dentification and characterization	김영호	1995	BK	중앙 TD 574.8 1995f G429i
12	Power and prestige: explaning Ame	김영호	1996	BK	중앙 TD 320 1996f G429p
13	시각디자인의 구성원리	김영호	1998	BK	중앙 745.4 G429s
14	한국전쟁의 기원과 전개과정 스탈	김영호	1998	BK	중앙 951.0712 G429h
15	실용재래닭의 도체 특성 및 식육 품	김영호	1998	BK	중앙 TM 636 1998 G429a
16	An approach to large-scale concurr	김영호	1993	BK	중앙 TD 670.42 1993f G429a
17	Multitop edgewise archwire techniq	김영호	1991	BK	치의 WU400 G429mKj 1991
18	Studies on the experimental transm	Kim, Young	1981	BK	농학 TM 632.41 G429b
19	Rat에서의 뇨증 γ-Glutamyltranspep	김영호	1989	BK	농학 TM 636.08966 G429r
20	協同組合運動: 그 發展과 우리의 方	김영호	1968	BK	농학 334.9 G429h

---

37) http://www.kric.ac.kr/UNIONcgi/usearch?
38) http://www.solarnet.snu.ac.kr

그러므로 한국인의 인명에 대한 한글표기만으로는 각각의 인명이 개별화될 수가 없고, 따라서 각 저작자의 문헌이 일정한 순서에 따라 한 자리에 배열되지 못하고 무질서하게 분산될 수밖에 없다. 그러므로 이용자들은 검색이 불편하고 또한 그 효율성이 저하된다.

이상에서 말한 CD-ROM목록에서 한자인명이 기술된 상황을 면밀히 살펴보기 위해서 다시 인명표목으로 간략정보에 접근한 바 '김영호'라는 인명표목 하에서 120건의 간략정보가 검색되었는데 여기에서 한자로 쓰인 이명만을 선별해서 중복되는 동일한 인명은 모두 추려내고 각각 다른 인명만을 추출한바 다음과 같이 12가지의 異名이 혼합되어 있음이 확인되었다.

金永虎, 金永浩, 金永鎬, 金英昊, 金英浩, 金英鎬
金泳鎬, 金榮昊, 金榮湖, 金榮豪, 金榮鎬, 金瑩昊

두 번째로 위와 동일한 방법으로 '이병주'라는 인명표목 하에서 225건의 간략정보가 검색되었는데 역시 다음과 같이 각각 다른 한자로 쓰인 인명이 11가지가 혼합되어 있음을 알 수 있다.

李丙周, 李丙注, 李丙疇, 李丙籌, 李秉周. 李炳柱
李炳主, 李炳周, 李炳宙, 李炳注, 李炳株,

이상에서 보는 바와 같이 이들의 인명은 한글표기로는 동일한 이름이지만 한자로는 모두 각기 다른 이름이다. 목록의 간략정보에서는 이들의 이름을 각각 개별화해야 하는데, '김영호'나 '이병주'라는 인명표목에서는 각기 다른 12명 이상의 저자들의 간략목록정보가 하나의 리스트에 혼합되어 열거되고 있는 것이다. 더구나 이 두사람의 경우뿐만 아니라 金씨, 李씨, 朴씨, 尹씨, 鄭씨 등 이른바 五大姓씨에 있어서 특히 일반적으로 흔히 쓰이는 이름(몇 가지 예를 들면,

영수, 영두, 영진, 영철, 영호 등; 진규, 진수, 진상, 진영, 진우, 진철, 진호 등; 병규, 병두, 병수, 병주, 병진, 병철, 병호 등 기타에도 상당히 많다.)의 경우에는 모두 동일한 현상이 나타나고 있는 것이다. 그러므로 동일한 저자의 저작들이 한 곳에 집결되지 않고 분산되어 검색 및 식별능력이 저하 될 수밖에 없다. 이용자 편의의 목록이 되기 위해서는 우리나라의 同名異人을 구별하기 위한 합리적인 방안이 강구 되어야 한다.

그러므로 다음과 같이 동명이인의 합리적인 구별방안을 제시하고자 한다.

1. 동명이인의 구별방안

AACR2R을 비롯해서 대부분의 편목규칙에서는 姓名 다음에 그의 생몰년을 기입하여 동명이인을 구별할 수 있도록 하고 있다. 그래도 동명이인이 구별되지 않는 경우 AACR2R에서는 다음의 예와 같이 생몰년 다음에 생년월일까지 기입하고 있다.[39] 이러한 이유는 표목의 배타성의 원리에 해당하는 것으로서 동일명칭의 이서, 동명이인이나 단체명 등 혼동을 피하고 각각의 표목을 식별해 주는 기능을 하는 것이다.

> Smith, John, 1900 Jan. 10-
> Smith, John, 1900 Mar. 2-

또한 생몰년 등이 미상일 경우는 AACR2R에서는 다음의 예와 같이 저자명 다음에 그의 지위 등을 표시하여 식별하고 있다.[40]

---

39) AACR2R. 22.17A.
40) AACR2R. 22.19Bl.

Brown, *George, Captain*
Brown, *George, F.I.P.S.*
Brown, *George, Rev.*
Valmer, *captaine*
Saur, Karl-Otto
Saur, Karl-Otto, *Jr.*

그러나 이상과 같은 방법은 목록을 작성하는 입장에서는 동명이인을 구별할 수 있는 방법은 되지만 일반 이용자들에게는 크게 도움을 주지 못할 것으로 판단된다. 우선 이용자들은 저작자들의 생몰년이나 저자의 사회적인 지위를 미리 알고 있을 가능성도 없으므로 그것이 이용자들의 식별요소가 될 수는 없기 때문이다.

한편 日本目錄規則에서는 다음의 예와 같이 저자명과 생몰년 다음에 저작자의 전공분야를 표시하고 있다.41)

鈴木 淸(1906-敎育心理學者)
鈴木 淸(1906-工藝家)

또한 KCR2에서는 "동성동명의 저자는 생몰년으로 구별한다. 만일 생몰년을 알 수 없거나 또는 생몰년만으로서 구별하기 어려운 경우에는 曆朝名(국적), 직업, 世系 등을 원괄호로 묶어 부기한다"고 규정하고 있다(44조). 이러한 예는 다음과 같다.

예: 이, 순, ? - 755(新羅)
이, 순, ? - 1507 (朝鮮)
經國濟世內編註解, 李純 著.

---

41) 日本圖書館協會目錄委員會編. 日本目錄規則: **1987**年版 改訂版. 日本圖書館協會, 1994. 3.3.2.1.3 동명이인의 예 10)

스즈키, 신타로오, 1895 - (文學者)

스즈키, 신타로오, 1895 - (畵家)

이상과 같이 저자명과 생년 다음에 저작자의 전공분야를 표시하는 것은 새로운 발전적인 방식이라고 볼 수 있다. 그러나 이보다도 저자명 다음에 먼저 전공분야를 표시하고 그 다음에 생몰년을 표시하는 방법이 더욱 효과적이라고 판단된다. 그 이유는 이용자들이 저자명을 통해서 문헌을 검색하는 경우는 그 저자가 어느 전공분야의 저술을 하는 사람이냐가 주요한 식별요소가 될 것이기 때문이다. 예를 들면 이용자가 하나의 문학작품을 찾으려고 저자명으로 접근했을 때, 그 저자명이 동명이인이 많이 있다면, 그 거자의 생몰년이나 그의 지위에 의해서 식별하기 보다는 문학작가라는 사실만 알면 그 저자를 용이하게 구별할 수 있을 것이다. 그러나 저작자의 전공분야마저도 동일하다면, 전공표시 다음에 생몰년을 표시하는 것이 유용할 것이다.

또한 AACR2R에서는 어떤 문구나 호칭으로 이루어진 인명의 경우 그 사람에 대한 아이디어를 나타내지 못하면 다음과 같이 원괄호 속에 영어로 적절한 명칭(직업)을 추가하고 있다.42)

River(Writer)

Taj Mahal(Musician)

이상에서 예시한 것은 어떤 문구나 호칭으로 이루어진 인명으로서 그에 대한 식별이 애매한 경우에 한한 것이지만, 특히 현대의 전문화시대에 있어서 이용자들로 하여금 同名異人을 쉽게 식별할 수 있도록 하기 위해서는, 姓과 이름이 분명한 경우라도, 성명 다음에 저작자의 전공주제명이나 특정한 직업명을 표시하는 것이 효과적이고

---

42) AACR2R. 22.11A.

합리적인 방법이라고 판단된다.

그리하여 中國編目規則에서는 다음의 예와 같이 동명이인의 경우에는 저자명 다음에 그의 전공주제명을 원괄호에 넣어 표시하고 있다.43)

林明德(文學)
林明德(史學)

이상과 같이 저자명 다음에 주제명을 기입하면 이 저자들은 同名異人임이 확실하므로 주제명 다음에 구지 생몰년을 표시할 필요가 없을 것이다. 그러나 앞으로 그들의 전공주제마저 동일한 경우가 발생할 가능성에 대비해서 가능하면 생몰년도 표시하는 것이 유용할 것이다.

이상과 같이 동명이인의 식별요소를 살펴본 바 우리나라에서의 동명이인의 구별방안을 다음과 같이 제시하고자 한다.

첫째, 우리나라의 인명사전 및 각종 사전류를 보면 인명 다음에 한자를 부기한 뒤에 생몰년을 부기하고 있다. 모든 사전류가 이 순차를 따르고 있음은 인명 식별의 관용이 그렇게 굳어져 있음을 입증한다. 한자 문화권에 있는 한·중·일 삼국에 있어서 한자인명의 한자는 로마자 사용국에 있어 서구인명의 스펠링이상으로 식별 상 중요한 요소가 되는 것이다. 따라서 한자로 쓰인 동양인의 인명은 표목에 있어서 한글로 표기한 다음 그에 해당학는 한자를 원괄호속에 묶어서 2차 식별요소로 삼는 것이 타당하다. 이것은사전류의 관용과도 일치되는 용법으로서 가장 합리적인 형식이라고 판단된다.

예: 김영수(金永秀)
김영수 (金永洙)

---

43) 中國圖書館學會分類編目委員會. 中國編目規則. 修訂版. 中國圖書館學會. 民國84 (1995). p. 211 (22.31 中國人名).

둘째, 2차 식별요소인 한자까지 부기하여도 동명이인이 동일할 경우에는 3차 식별요소로 주제명을 부기한다.

예: 김영수(金榮秀) 정치학
김영수 (金榮秀) 법학

이와 같이 주제명을 부기함으로서 검색 시 정확률을 높여 주고 동일한 주제분야의 관련정보를 동시에 얻을 수 있는 이점이 있다(99페이지 표 9 참조).

셋째, 3차 식별요소까지 동일한 인명의 경우에는 4차 식별요소로 생몰년을 부기한다.

예: 김영수(金瑩洙) 국문학 1917-
김영수 (金瑩洙) 국문학 1918-

넷째, 단 저자가 한글 이름만을 사용하는 경우에는 인명 다음에 한 칸을 띄우고 바로 주제명을 부기하고 그 다음에 생몰년을 부기한다.

예: 한샛별 수학 1960-
한샛별 국문학 1965-

2. 주제명일람표의 작성방안

이상에서 제시한 바와 같이 동명이인을 구별하기 위해서 인명표목의 한글표기와 그 한자표기 다음에 주제명을 기입하자면, 인명표목 전반에 걸쳐서 주제명의 통일성을 유지하기 위해서는 이에 적용하기 위한 정형화된 주제명일람표가 필요하다. 그러나 여기에서 말하는 '주제명일람표'는 우리가 일반적으로 알고 있는 '주제명표목표', 즉 예를 들면; 미국 의회도서관의 *Library of Congress Subject Headings* (LCSH)[44] 나 우리나라에서 이재철이 편찬한 '주제명표목표',[45] 日本에서 편찬한 基本件名標目表 등과는 전혀 다르다.

이러한 주제명표목표는 목록에 있어서 주제명을 표목으로 할 경우에 사용하기 위한 것으로, 이것은 가능한 한 세분된 전문주제명이 요구되는 것이다. 그러나 여기에서는 인명 또는 저자명이 표목이 되는 경우 다만 同名異人을 식별하기 위해서 첫째 저자명의 한글표기, 둘째 그에 대한 한자표기, 셋째의 식별요소로서 그 저자가 속해있는 주제영역을 표시하기 위한 것이다. 따라서 기존의 '주제명표목표'를 여기에 적용할 경우 오히려 동일한 저자의 저작이 분산될 가능성이 많다.

그러므로 여기에서는 우리나라의 동명이인의 3차 식별요소인 주제명을 부여하기 위해서 '한국십진분류법'(KDC4))[46]에 전개된 주제명 중에서 우선 제1차로 유(類)와 강(綱)에 전개된 주제명을 기본 골격으로 한다. 이를 제시하면 다음 <표 8>과 같다.

<표 8> 한국십진분류법 유.강표

000	총 류	500	기술과학
010	도서학, 서지학	510	의 학
020	문헌정보학	520	농업, 농학
030	백과서전	530	공학, 공업일반
040	강연집, 수필집, 연설문집	540	건축공학
050	일반 연속간행물	550	기계공학
060	일반 학회, 단체, 협회, 기관	560	전기공학, 전자공학
070	신문, 언론, 저널리즘	570	화학공학
080	일반 전집, 총서	580	제 조 업
090	향토자료	590	가정학 및 가정생활

---

44) Library of Congress. *Library of Congress Subject Headings*. 16th ed. Washington, D.C. Library of Congress, 1993. 4 vols.

45) 이재철. 주제명표목표. 서울: 연세대학교 도서관학과, 1961.

46) 韓國十進分類法. 第4版. 서울: 한국도서관협회, 1996.

100	철　　학		600	예　　술
110	형이상학		610	건 축 술
120			620	조　　각
130	철학의 체계		630	공예, 장식미술
140	경　　학		640	서　　예
150	아시아(동양) 철학, 사상		650	회화, 도화
160	서양철학		660	사 진 술
170	논 리 학		670	음　　악
180	심 리 학		680	연　　극
190	윤리학, 도덕철학		690	오락, 운동
200	종　　교		700	언　　어
210	비교종교		710	한 국 어
220	불　　교		720	중 국 어
230	기 독 교		730	일 본 어
240	도　　교		740	영　　어
250	천 도 교		750	독 일 어
260	신　　도		760	프랑스어
270	파라문교, 인도교		770	스페인어
280	회교(이슬람교)		780	이탈리아어
290	기타제종교		790	기타제문학
300	사회과학		800	문　　학
310	통 계 학		810	한국문학
320	경 제 학		820	중국문학
330	사회학, 사회문제		830	일본문학
340	정 치 학		840	영미문학
350	행 정 학		850	독일문학
360	법　　학		860	프랑스문학
370	교 육 학		870	스페인문학
380	민속, 민속학		880	이탈리아문학
390	국방, 군사학		890	기타제문학
400	순수과학		900	역　　사
410	수　　학		910	아 시 아
420	물 리 학		920	유　　럽
430	화　　학		930	아프리카
440	천 문 학		940	북아메리카
450	지　　학		950	남아메리카
460	광 물 학		960	오세아니아
470	생명과학		970	양극지방
480	식 물 학		980	지　　리

<표 8>에서 보는 바와 같이 KDC의 유(類)의 주제와 강(綱)의 주제들을 그대로 '주제명일람표'에 수용할 수가 없으므로 다음과 같은 원칙에 따라서 이들 중에서 불필요하다고 판단되는 항목은 제외하고, 또한 KDC의 목(目)이나 혹은 세목(細目)에 전개된 항목이라 할지라도 반듯이 필요하다고 판단되는 주제는 이를 선택하여 보완하고자 한다.

첫째, 종류와 그 밑에 전개된 항목 중에서 백과사전, 강연집, 연설문집, 일반연속간행물, 일반 학회 단체 협회 기관, 신문, 언론, 일반 전집 총서, 향토자료 등은 주제명 또는 주제영역표시가 될 수 없다. 그러므로 이들은 모두 제외하고, 서지학, 문헌정보학, 저널리즘, 그리고 069에 전개된 박물관학만을 택한다.

둘째, 100 철학에서 전개된 항목 중에서 철학의 체계는 주제명이 될 수 없고, 형이상학, 논리학 등은 철학일반에 포괄될 수 있다고 판단됨으로 여기에서는 이들을 제외하고 다만 철학, 경학, 동양철학, 서양철학, 심리학, 윤리학만을 택한다.

셋째, 200 종교는 종교 한 항목만으로도 동명이인을 식별하기 위한 3차 식별요소가 될 수 있다고 판단된다. 그러나 우리나라에서는 불교와 기독교가 가장 큰 종교로서 이들은 주제명으로 부여될 가능성이 있다고 판단됨으로 이들을 수용하고, 그 이하에서 전개된 종교는 모두 제외한다.

넷째, 300 사회과학은 포괄적인 주제로서 사회과학이라는 주제명으로 사용될 가능성이 없다고 판단됨으로 이를 제외하고, 그 하위의 주제명을 모두 수용하되, 330에서 사회문제는 우리나라에서 사회복지라는 용어로 주로 사용되고 있으므로 여기에서는 이를 수정하여 사회학과 사회복지 두 가지 주제명을 수용한다. 또한 380에서는 민속학, 390에서는 군사학만을 채택한다.

다섯째, 400 순수과학은 역시 포괄적인 주제로서 순수과학이라는 주제명으로 사용할 필요성이 없으므로 이를 제외하고, 그 하위의 주제명을 모두 수용한다.

여섯째, 500 기술과학도 역시 포괄적인 주제로서 기술과학이라는 주제명으로 사용할 필요성이 없으므로 이를 제외하고, 기타의 주제명은 모두 수용하되, 다만 580 제조업은 주제명이 아니므로 이를 제외한다. 한편 510 의학에서는 한의학을 추가하고, KDC에서는 조선공학, 항공공학, 우주공학이 누락되어 있는데 이러한 주제들은 앞으로 발전될 가능성이 많으므로 이들을 추가한다. 또한 520에서는 농업은 주제명이 아니므로 농학만을 택하고, 530에서는 공학일반으로 조정하며, 560에서는 전기공학과 전자공학을 별개의 것으로 수용하고, 590에서는 가정학만을 택한다.

일곱째, 600 예술은 역시 포괄적인 주제로서 예술이라는 주제명으로 사용할 필요성이 없으므로 이를 제외하고, 기타의 주제명은 모두 수용하되, 630에서는 공예와 장식미술을 각각 별도의 주제로 채택한다. 690에서도 오락은 주제명이 될 수 없으므로 이를 제외하고, 운동은 체육으로 수정하여 채택한다.

여덟째, 700 언어는 모든 어학을 포괄하는 주제임으로 이를 제외하는 반면, 701에 전개된 언어학을 채택하고, 710에서 780까지 전개된 모든 언어를 수용한다. 또한 790 기타 제어 이하에서 전개된 그리스어, 라틴어, 켈트어, 범어, 팔리어, 이란어, 발트어, 러시아어 등을 더 추가한다.

아홉째, 800 문학은 모든 문학을 포괄하는 주제임으로 이를 제외하고, 810에서 880까지 전개된 각국의 문학을 모두 수용하는 한편, 890 기타 제문학에서 전개된 그리스문학, 라틴문학, 켈트문학, 범문학, 팔리문학, 이란문학, 발트문학, 러시아문학 등을 더 추가한다.

열째, 900 역사는 역사라는 주제명과 한국사, 동양사, 서양사만을 수용하고, 기타의 지역사는 모두 제외한다. 한편 980 지리는 그대로 수용하고, 990 전기는 전기만을 전공하는 사람이 있을 가능성이 없으므로 이를 제외한다.

이상과 같은 원칙 하에 주제항목을 설정하되, 주제명의 배열은 KDC의 배열순을 그대로 유지한다. 그 이유는 이 주제명일람표는 편목자가 사용하는 것이므로 가능한 한 편목자가 사용하기에 편리한 배열이 되어야 하기 때문이다. 그리하여 KDC의 배열순에 따라 전제하면 다음의 <표 9>와 같다.

<표 9> 주제명일람표

000(총류)	100(철학)	200(종교)	300(사회과학)	400(순수과학)
서지학	철학	종교	통계학	수학
문헌정보학	동양철학	불교	경제학	물리학
박물관학	서양철학	기독교	사회학	화학
저널리즘	경학		사회복지	천문학
	심리학		정치학	지학
	윤리학		행정학	광물학
			법학	생명과학
			교육학	식물학
			민속학	동물학
			군사학	

500(기술과학)	600(예술)	700(언어)	800(문학)	900(역사)
의학	건축술	한국어	한국문학	역사
한의학	조각공예	중국어	중국문학	한국사
농학	장식미술	일본어	일본문학	동양사
공학일반	서예	영어	영미문학	서양사
건축공학	회화	독일어	독일문학	지리
기계공학	사진술	프랑스어	프랑스문학	
전기공학	음악	스페인어	스페인문학	
전자공학	연극	이탈리아어	이탈리아문학	
화학공학	체육	그리스어	그리스문학	
조선공학		라틴어	라틴문학	
항공공학		켈트어	켈트문학	
우주공학		범어	범문학	
가정학		팔리어	팔리문학	
		이란어	이란문학	
		발트어	발트문학	
		러시아어	러시아문학	
		언어학	기타제문학	

3. 인명표목의 작성방안

　전항에서 제시한 바와 같이 저자명표목에 있어서 첫째로 저자명을 한글로 표기하고, 둘째로 그에 대한 漢字人名을 기입하고, 셋째로 저자가 전공하는 주제명을 한글로 표시하자면, 한국의 모든 저작자에 대해서 일일이 '저자명전거 레코드'를 작성해야만 한다. 물론 목록을 편찬하는 과정에서 저자명표목을 하나하나씩 작성할 수도 있다. 그러나 만약 그렇게 한다면 그 작업이 중복되거나 일관성이 없어지게 됨으로 오히려 혼란을 야기시킬 가능성이 많기 때문이다. 그러므로 저자명표목의 통일성을 유지하기 위해서 사전에 '저자명전거 레코드'를 작성하고, 만약 이 전거레코드에 누락된 저자명 또는 새로운 저자명이 출현하는 경우는 목록을 편찬하는 과정에서 새로이 작성하여 보완해 나가야 할 것이다.

　그리하여 여기에서는 한국의 인명표목을 위한 저자명전거 레코드를 작성하기 위한 하나의 잠정적인 방안을 제시하고자 한다.

　우선 전항에서 말한 국립중앙도서관의 **CD-ROM**목록에서 인명표목으로 간략정보에 접근하여 '김영수'라는 인명표목 하에서 검색한 **209**건의 간략정보 중에서 다음과 같이 각각 다른 한자로 쓰인 저자명을 선별하고, 그에 대한 목록의 상세정보를 근거로 해서 전공분야를 조사한 다음, 이를 앞에서 제시한 '주제명표'에 따라 각각 해당하는 주제명을 기입한바 그 결과는 다음의 <표 10>와 같다.

<표 10> 김영수에 대한 한자인명과 각자의 주제명표

```
김영수:
 ┌ 김영수 (金永秀) 국문학          김영수 (金瑛秀) 수학
 └ 김영수 (金永秀) 수학            김영수 (金暎洙) 행정

 ┌ 김영수 (金永洙) 건축공학        김영수 (金泳洙) 디자인
 │ 김영수 (金永洙) 국문학          ┌ 김영수 (金榮秀) 국문학
 │ 김영수 (金永洙) 영어            │ 김영수 (金榮秀) 법학
 └ 김영수 (金永洙) 예술            └ 김영수 (金榮秀) 영어

   김영수 (金永銖) 국문학          ┌ 김영수 (金榮洙) 윤리
                                  └ 김영수 (金榮洙) 식품학
   김영수 (金永壽) 국문학
                                    김영수 (金塋洙) 동양고전
 ┌ 김영수 (金英洙) 윤리
 │ 김영수 (金英洙) 치과            ┌ 김영수 (金塋洙) 국문학
 └ 김영수 (金英洙) 회계            └ 김영수 (金塋洙) 심리
```

    이상의 <표 10>에서 보는 바와 같이 이들의 인명을 한글로 표기하면 모두 동일한 인명인데 이들을 각각 한자로 쓴 이름은 同音異名이거나 혹은 同名異人이다. 이들 중에서 우선 金永秀는 두사람이 同名異人으로서 한사람은 국문학, 한사람은 수학이 전공이다. 둘째로 金永洙는 네사람이 동명이인데 각각 건축학, 국문학, 영어, 예술을 전공하는 사람이다. 셋째로 金英洙는 세사람이 同名異人인데 한사람은 윤리, 한사람은 치과의학, 또 한사람은 회계학이 전공이다. 넷째로 金榮秀는 세사람이 동명이인인데 각각 문학, 법학, 영어학이 전공이다. 다섯째로 金塋洙는 두사람이 동명이인데 각각 문학, 심리학이 그들의 전공이다.

    한편 '김영수'라는 인명표목 하에서 검색된 저자표시난에 한글로만 표기된 인명도 38명이나 나타났다. 그리하여 이들에 대한 漢字人名의 경우와 같이 이들 각각에 대한 목록의 상세정보를 근거로 해서 전공분야를 조사한 다음, 이를 앞에서 제시한 '주제명표'에 따라 각각 해당하는 주제명을 기입한바 그 결과는 다음의 <표 11>과 같다.

<표 11> 김영수에 대한 한글인명과 각자의 주제명표

<table>
<tr><td>김영수 건축</td><td>김영수 심리</td></tr>
<tr><td>김영수 동양고전</td><td>김영수 영어</td></tr>
<tr><td>김영수 교육</td><td>김영수 역사</td></tr>
<tr><td>김영수 국문학</td><td>김영수 윤리</td></tr>
<tr><td>김영수 사진</td><td>김영수 정치</td></tr>
<tr><td>김영수 사회</td><td>김영수 종교</td></tr>
<tr><td>김영수 생물</td><td>김영수 회계</td></tr>
<tr><td>김영수 세법</td><td></td></tr>
</table>

이상의 <표 11>에서 보는 바와 같이 한글로만 표기된 '김영수'이 각각 다른 사람이 15명이나 된다.

둘째로 위에서 말한 '김영수'의 경우와 동일한 방법으로 '김영호'를 조사한 바 그 결과는 다음 <표 12>과 같다.

<표 12> 김영호에 대한 한자인명과 각자의 주제명표

김영호:

<table>
<tr><td>김영호 (金永虎) 수학</td><td>김영호 (金泳鎬) 경제</td></tr>
<tr><td>김영호 (金永浩) 법학</td><td>김영호 (金泳鎬) 사회복지</td></tr>
<tr><td>김영호 (金永浩) 영어</td><td>김영호 (金榮昊) 영어</td></tr>
<tr><td>김영호 (金永鎬) 국문학</td><td>김영호 (金榮湖) 경제</td></tr>
<tr><td>김영호 (金英昊) 해운</td><td>김영호 (金榮豪) 경제</td></tr>
<tr><td>김영호 (金英浩) 건축공학</td><td>김영호 (金榮鎬) 건축공학</td></tr>
<tr><td>김영호 (金英鎬) 가정학</td><td>김영호 (金榮鎬) 경제</td></tr>
<tr><td>김영호 (金英鎬) 법학</td><td>김영호 (金塋昊) 포장공학</td></tr>
</table>

이상의 <표 12>에서 보는 바와 같이 '김영호'는 한글표기로는 모두 같은 이름인데 漢字로는 同音異名이거나 同名異人이다. 첫째로 金永浩는 同名異人으로서 전공분야로 구별하면 한사람은 법학전공이고 다른 한사람은 어학을 전공하는 사람이다. 둘째로 金英鎬도 한사

람은 가정학전공이고 다른 한사람은 법학을 전공하는 사람이다. 셋째로 金泳鎬는 한사람은 경제학전공자이고 다른 한사람은 사회복지를 전공하는 사람이다. 넷째로 金榮鎬도 한사람은 건축공학전공이고 다른 한사람은 경제학전공이다. 이와 같이 '김영호'도 한자로 표기하면 각각 다른 12명의 인명이고, 이들 중에 4개의 이름은 각각 同名異人이다.

한편 '김영호'라는 인명표목 하에서 검색된 저자표시난에 한글로만 표기된 인명도 34명이나 나타났다. 그리하여 이상의 <표 6> '김영수'의 경우와 같이 조사분석하고 해당하는 주제명을 기입한바 그 결과는 다음의 <표 13>과 같다.

<표 13> 김영호에 대한 한글인명과 각자의 주제명표

김영호 (경영)	김영호 (영어)
김영호 (경제)	김영호 (의학)
김영호 (광고)	김영호 (일본어)
김영호 (국문학)	김영호 (정치)
김영호 (불어)	김영호 (종교)
김영호 (세법)	김영호 (컴퓨터)
김영호 (역사)	

이상의 <표 13>에서 보는 바와 같이 한글로만 표기된 '김영호'도 전공이 각각 다른 사람이 13명이나 된다.

이상의 <표 11과 13>의 경우에는 이들의 한자인명이 현재로서는 알 수 없을 뿐이지 앞에서 제시한 한자인명과 대부분 중복되는 사람일 가능성이 많다. 다시 말하면 이들의 한글인명은 同音異名이나 同名異人도 있을 수 있다. 그러므로 한글만으로 표기된 인명은 가능한 한 그 한자명과 생몰년을 찾아서 기입해야만 한다.

이상의 두 가지 예시에서 보는 바와 같이 각각 전공분야가 다른 12명 이상의 同音異名과 同名異人이 서로 혼합되어 배열되어 있는데, 그 원인은 인명을 다만 한글의 가나다순으로만 배열하고, 그 다음은 서명의 가나다순으로 배열했기 때문이다. 이와 같이 저자명을 통하여 간략정보를 검색했을 때 동일저자의 저작이 일정한 순서로 나타나 있지 않고, 모두 서명의 가나다순에 따라 분산되어 있기 때문에 각각의 문헌에 대한 상세정보를 검색하자면 同音異名이나 同名異人의 그 많은 저작들을 일일이 찾아서 자기가 필요한 자료인지의 여부를 검토해야 하므로 많은 시간을 낭비하게 된다. 더구나 앞으로 축적되는 문헌의 양이 많으면 많아질수록 검색의 효율성은 점차 더 떨어질 수밖에 없다. 그러므로 한국의 저자명에 대해서는 정확한 전거레코드를 작성해야만 한다.

한국의 저자명전거레코드를 작성하는 방법은 우선 각각의 저작자에 대해서 한글로 표기된 저자명, 한자인명(원괄호 속에), 저작자의 전공주제명, 생몰년 순으로 기입하되 이들 각 사항은 한자씩 사이를 띄워둔다. 漢字人名을 알 수 없는 저작자에 대해서는 한자인명의 자리를 비워둔다. 이에 대한 실예를 들면 다음의 <표 14>와 같다.

<표 14> 한국저자명전거 데이터베이스 작성법의 예시

김영수	김영수
김영수 (金永秀) 국문학 1933-	김영수 (金瑛秀) 수학
김영수 (金永秀) 수학	김영수 (金暎洙) 행정 1959-
김영수 (金永洙) 건축공학	김영수 (金泳洙) 디자인
김영수 (金永洙) 국문학	김영수 (金榮秀) 정치 1942-
김영수 (金永洙) 영어	김영수 (金榮秀) 법학 1940-
김영수 (金永洙) 회화 1918-	김영수 (金榮秀) 영어
김영수 (金永銖) 국문학 1941-	김영수 (金榮洙) 윤리 1935-
김영수 (金永壽) 국문학 1911-79	김영수 (金榮洙) 식품학
김영수 (金英洙) 윤리	김영수 (金瑩洙) 동양고전 1917-
김영수 (金英洙) 치과 1938-	김영수 (金瑩洙) 국문학
김영수 (金英洙) 회계	김영수 (金瑩洙) 심리
김영호	김영호
김영호 (金永虎) 수학	김영호 (金泳鎬) 경제 1940-
김영호 (金永浩) 법학	김영호 (金泳鎬) 사회복지 1938-

김영호 (金永浩) 영어	김영호 (金榮昊) 영어 1934-
김영호 (金永鎬) 국문학 1945-	김영호 (金榮湖) 경제
김영호 (金英昊) 해운	김영호 (金榮豪) 경제 1944-
김영호 (金英浩) 건축공학 1944-	김영호 (金榮鎬) 건축공학
김영호 (金英鎬) 가정학	김영호 (金榮鎬) 경제
김영호 (金英鎬) 법학 1950-	김영호 (金瑩昊) 포장공학

이상에서 제시한 저자명전거레코드를 작성하기 위해서는 각 저작자 체에 나타나 있는 저작자에 대한 주요한 정보와 「韓國人名大事典」,[47] 「現代韓國人名事典」,[48] 근간의 「한국인명록」, 각 언론사의 인물정보 DB 등을 근거로 하여 정확하게 작성해야 한다.

D. 표목통제를 위한 전거레코드의 작성지침

전항에서 논급된 한국의 저자명표목의 작성방안은 다만 한국의 고유 명을 가진 단일저자의 동명이인을 구별하기 위한 방안일 뿐이다. 그러 나 동일한 저자명에 있어서도 筆名, 異名, 雅號 등이 있고, 표목에는 저 자명 이외에 주제명, 서명, 참조 등의 표목이 있으며, 동일한 주제에 대 해서도 주제명이 다른 경우가 있고, 동일한 책에 있어서도 異書名이나 대등서명이 있는 경우가 있다. 따라서 효율적인 정보검색을 위해서는 하나의 표목을 설정하는데 있어서도 정확한 근거자료(전거)를 바탕으 로 합리적이고 통일된 표목을 선정하고, 기타 筆名, 異名, 雅號, 또는 異主題名, 혹은 異書명이나 대등서명 등으로 이용자들이 검색할 가능 성이 있는 다른 표목에서는 이미 선정된 표목으로 검색할 수 있도록 참조

---

47) 韓國人名大事典. 서울 學園社, 1967. p. 1390 (古代부터 1966년 말 이전에 작고한 11,000명의 인명 수록)
48) 現代韓國人名事典: 合同年鑑의 별책, (1967년 이후 연간으로 간행 약 3,500 명 수록)

를 작성해야 한다. 이와 같은 작업이 표목의 통제이며, 이 표목의 통제에 대한 기록을 전거저록(authority entry) 또는 통제기록(control records)이라고 한다.

Babara B. Tillett에 의하면 "아마도 표목의 통제(control of headings)를 묘사하는데 접근점통제(access point control)라는 용어가 전거통제(authoritycontrol)보다도 덜 혼동될 것"49)이라고 말하고 있다.

다시 말하면 현재 '전거통제'라는 용어가 흔히 사용되고 있으나 이것은 '표목의 통제'를 의미하는 것으로 '접근점통제'라는 용어보다도 혼돈을 일으키게 한다는 것이다. 그러나 IFLA에서 제정한 '전거저록과 참조저록을 위한 지침' (*Guidelines for authority and reference entries* = GARE)50)을 면밀히 살펴보면 전거통제는 직접적인 표목의 통제를 의미하는 것이 아니라 '통제된 표목'에 대한 전거를 통제하는 것으로 해석된다. 그러므로 표목의 통제에 대한 부수적인 통제라고 볼 수 있을 것이다. 따라서 그 내용상으로 보아 GARE의 표제를 '표목에 대한 전거저록과 참조저록을 위한 지침'(Guidelines for authority entries of headings and reference entries)이라고 생각하면 보다 쉽게 이해될 것으로 생각된다.

한편 그 용어가 어떻게 쓰였던 전장에서도 이미 논급한 바와 같이 전통적인 편목에 있어서도 표목의 통제는 이루어졌다고 말할 수 있다. 예를 들면; 저자명을 표목으로 선정하는데 있어서 그 저자가 筆名이나 異名이나 雅號 등을 가지고 있는 경우, 地名이 포함된 표목에 있어서 그 지명이 변경된 경우, 단체명표목에 있어서 그 단체명

---

49) Barbara B. Tillett. Condiderations for authority control in the online environment. In: *Authority control in the online environment: Condiderations and practices.* ed. by Barbara B. Tillett. New York, Haworth Press, 1989. p. 4.
50) IFLA. *Guidelines for authority and reference entries.* IFLA. International Programme for UBC, 1984.

이 변경되는 경우 등, 이미 선정된 표목으로 이용자들이 접근(또는 검색)하도록 보라참조나 도보라참조를 작성하던 것이 바로 '표목의 통제'라고 말할 수 있다. 다만 그 동안 '표목의 통제'라는 용어를 사용하지 않았을 뿐이지 그 내용은 표목을 통제하는 것이었다.

실제로 예를 들면 AACR2R의 제22장 인명표목(Heading for Persons)부터 참조(Reference)까지는 그것이 기본표목이던 부출표목이던 상관없이 여러 가지의 표목과 그 형식 중에서 보다 확실하고 합리적인 표목을 선정하기 위해서 이를 통제하는 규정들이다. 그리고 KCR2 제2장에서는 '표목형식'이라는 용어를 사용하였으나 이미 전장에서 말한 바와 같이 KCR2의 제2장은 '표목의 형식'만을 규정한 것이 아니라 여러 가지의 표목과 그 형식중에서 보다 확실하고 합리적인 표목을 선정하고 이에 선정되지 않은 기타의 표목에서는 이미 선정된 표목으로 참조하도록 지시하는 것이었다. 이와 같이 AACR2나 KCR2 기타의 편목규칙 등, 전통적인 편목규칙에 있어서는 보라참조나 도보라참조를 작성하는 경우 그들에 대한 구체적인 근거자료(이른바 전거)를 제시하지 않았을 뿐이다.

그러나 도서관의 편목작업이 자동화됨에 따라 컴퓨터의 신속하고 정확한 자료처리능력을 바탕으로, 보다 적극적이고 정확한 정보통제를 요구하게 됨으로서 표목선정에 관련된 근거자료와 작성기관이나 시간까지도 밝히게 되었다고 말할 수 있다.

그리하여 AACR2의 표목부에 대한 규칙과는 별도로, 국제도서관협회연맹(IFLA)에서는 1984년에 목록에 있어서 표목의 통제를 위한 지침서로서 '전거표목과 참조저록을 위한 지침'(*Guidelines for authority and reference entries* = GARE)[51)]이라는 책자를 편찬하였다. 그리하여 1961년에 ICCP에서 채택된 '편목원칙에 관한 성명'(Statement of (Catataloging) Principles)이 '기본표목의 선정'을

---

51) IFLA. *Guidelines for authority and reference entries*. IFLA. International Programme for UBC, 1984.

위한 국제적인 지침이었다면, GARE는 '모든 표목에 대한 전거통제'
를 위한 국제적인 지침이라고 말할 수 있을 것이다. 그러므로 이
GARE는 편목규칙과는 별도의 독립적인 것이 아니라 편목규칙의 표
목부를 위한 국제적인 지침서라고 보아야 할 것이다. 그리하여
Tillett에 의하면 "전거통제(authority control)는 적절한 참조로써 다
양한 형식에서 유일하고 일관된 표목(접근점)을 제공하고, 편목규칙
과 규칙해설에 주어진 조항에 따라 관련된 표목에 연결하는 것"52)
이라고 한다.

이와 같이 '표목통제'와 '전거통제'는 AACR2R 등의 편목규칙에
의해서 다양한 표목군 중에서 유일하고 일관된 표목이 선정되면,
GARE에 따라서 이 선정된 (전거)표목에 대한 전거레코드를 작성하
고, 이에 따라 '보라참조'나 '도보라참조' 등을 작성하여 관련된 표
목에 연결하도록 하는 것이다. 그러므로 종래에는 편목규칙에 의해
서 절반정도의 '표목통제'가 이루어 졌다면, 이제 GARE에 의해서
'표목통제'가 완성되는 것이라고 볼 수 있을 것이다.

한편 GARE에 의하면 이상과 같이 통제된 표목(controled heading)
을 authority heading(전거표목)이라고 하고, 이 전거표목을 설정한 근
거가 되는 기록을 authority entry(전거저록)라고 명명하고 있다. 그리
고 "이 전거저록은 통일표목 이외에 가능한 한 정보주기 참조가 만들
어진 모든 이형(異形)표목과 상관표목에 대한 기록(tracings); 참조한
자료원을 기록하는 주기 등; 그 저록에 대해서 그 편목기관이 책임을
진다는 확인 및 국제표준전거데이터번호(ISADN) 등을 포함한다"53)고
정의하고 있다.

전거저록의 구조에 대해서 말하자면 GARE의 서문에서 밝힌 바와

---

52) Barbara B. Tillett ed. *Authority control in the online environment: Condiderations and practices*. New York, Haworth Press, 1989. p. 2.
53) IFLA. *Guidelines for authority and reference entries*. IFLA. International Programme for UBC, 1984. p. 2.

같이 "세 가지 구조를 나타낸다: 즉 전거저록, 참조저록, 일반 해설 저록이다.

첫째, 전거저록은 특정한 개인이나 단체나 저작과 관련된 모든 서지적 저록에서 사용하기 위해서 그 서지기관에 의해서 설정된 통일표목 뿐만 아니라 그 표목과 상관표목 사이의 관계를 설명하는 한 정보주기도 포함될 것이며 참조가 만들어지는 이형표목과 상관표목에 대한 tracings; 그 표목의 출처를 기록하는 편목자의 주기 등도 포함한다."54) 우선 전거저록의 예를 들면 다음과 같다.

<전거저록의 예>

Authority heading	British Columbia Youth Soccer Association
Information note	Name changed in 1977 from British Columbia Juvenile Soccer Association
See reference tracing	< B.C. Youth Soccer Association
See also reference tracing	《 Bhtish Columbia Juvenile Soccer Association
Source area	National Library of Canadia / Biblotheque nationale of Canadia; AACR2 l981-08-01
ISADN area	NLC/BNC 0011-A-0719

전거표목사항: 중앙대학교 · 문헌정보학과

정보주기사항: 1963년 3월 1일 중앙대학교 문리과대학 도서관학과

---

54) IFLA. *Guidelines for authority and reference entries.*‡ IFLA. International Programme for UBC, 1984 p. xi.

로 발족. 1965년 3월 1일 문과대학으로 소속변경.
1973년 3월 1일 문리과대학으로 소속 변경 1988년
4월 문과대학으로 소속 환원. 1989년 3월1일 문헌정
보학과로 명칭 변경.
도보라참조표목사항: 《 중앙대학교·도서관학과
편목자주기사항: 문헌정보학보 제 5집: 중앙대학교 문헌정보학과 창
　　　　　　　　설 30주년 기념특집. 1993
정보원사항:　　　The National Central Library: KCR2, 1999-05-12
ISADN사항:　　　ISADN

둘째, GARE의 서문에서 밝힌 바와 같이 "저록의 제2유형인 −참
조저록−은 검색자로 하여금 그 리스트의 저록에 대한 그의 최초의
시점으로 사용될 하나의 이형표목에서 그 리스트나 목록에서 사용하
기 위해서 설정된 통일표목으로 지시하기 위해서 혹은 그에게 하나
의 통일표목으로부터 그에 관련된 다른 표목으로 지시하기 위해서
예를 들면, 예전의 특정한 단체명의 형식에서 그 후의 단체명의 형
식으로 지시하기 위해서 전거리스트에 있어서 뿐만 아니라 목록, 서
지, 색인 등에 있어서도 기본적인 것이다."55) 참조저록에 대한 하나
의 예를 들면 다음과 같다.

〈참조저록의 예〉

Reference heading　　　British Columbia Juvenile Soccer
　　　　　　　　　　　　　　　Association
Information note　　　Name changed in 1977 to British
Columbia
　　　　　　　　　　　　　　Youth Soccer Association.
Instruction phrase　　　See also the Later heading:

---

55) IFLA. *Guidelines for authority and reference entries*. IFLA. International
　　Programme for UBC, 1984. p. xii.

Uniform heading   》British Columbia Youth Sosser
                              Association
참조표목사항: 한국교육학술정보원
정보주기사항: 한국학술진흥재단과 한국첨단학술정보센터의 통합명
통일표목사항: 단체별로 발표한 작품은 다음을 보라
             》한국학술진흥재단
             》한국첨단학술정보센타

셋째, "일반설명주기 저록은 사실상 참조저록의 특수한 유형이다. 일반 설명저록은 전거서목에 있어서, 혹은 목록이나 서지에 있어서, 통일표목으로 수용되지 않은 형식을 사용한다. 그러나 그 차이점은 일반 설명적 참조는 탐색자에게 특별한 통일표목으로 지시하는 것이 아니라 오히려 모든 표목류에 지시한다는 점이다. 일반 설명적 참조는 탐색자들이 찾아야 할 표목류형의 예를 제시한다."56) 일반설명주기의 예를 들면 다음과 같다.

〈일반설명주기의 예〉

Explanatory heading   Department of ···
Information note   Departments are entered under the name
                         of the body or government to which they are
                         subordinate (e. g., University of Reading.
                         Department of Geography; United States.
                         Department of the Interior, etc.)
설명표목사항: 주식회사
정보주기사항: 단체명의 관칭을 특별히 구별하기 위하여 필요한 경
             우를 제외하고는 생략한다. 따라서 관칭을 생략한 해

---

56) IFLA. *Guidelines for authority and reference entries*. IFLA. International
   Programme for UBC, 1984. p. xiii.

당 단체명의 표목을 사용한다.

　"GARE의 구조는 … 좀 복잡하고, 그 용어는 대부분 새로 만들어지거나 혹은 당면한 목적에 알맞도록 기존의 용어로부터 각색되고 변경된 것으로 때로는 좀 난해하다."57) 우선 앞에서도 이미 논급한 바와 같이 전거통제(authority control)라는 용어가 바로 그러한 예가 될 것이다.

　한편 현재 GARE는 기본적으로 "개인명에 대한 표목; 회의와 지역적인 기관명을 포함한 단체명에 대한 표목; 무저자명 고전에 대한 통일서명" 등 세 가지 유형의 전거만을 다루고 있다. 그리고 GARE에서는 주제명표목에 대한 전거 총서에 대한 전거 법률적 및 종교적 저작, 음악작품, 하나 이상의 서명으로 발행된 개인저자에 의한 저작 등을 다루기 위한 통일서명에 대한 전거는 당분간 제외되었다.58)

　또한 GARE에서 하나의 주기로 밝힌 바와 같이 다음과 같은 두 가지의 미진한 부분이 있다.59)

　첫째로, 현재의 지침서는 프린트 및 마이크로프린트로 된 전거저록과 참조저록의 표시만 다루려고 시도된 것임을 주시해야 한다. 이 지침서에서 요약설명된 구조는, 비록 그것이 필연적으로 기계가독 포맷의 설계에 중요한 결실을 가져오겠지만, 기계가독의 전거레코드를 위한 구조로 직접 전환하려고 시도되지는 않았다. 다만 GARE의 실무집단은 현재 기계가독의 전거 레코드를 위한 구조에 관한 작업을 진행하기 위해서 재구성되고 있다.

　둘째로, 현재의 GARE에는 전거레코드에 국제표준전거데이터번호(ISADN)를 포함하기 위해서 (자리를) 마련하고 있으나 그 형식이나

---

57) IFLA. *Guidelines for authority and reference entries*, IFLA. International Programme for UBC, 1984. p. 2.
58) Ibid. p. ix-x.
59) Ibid. p. xiii-xiv.

구조에 대한 세부사항은 마련하지 않았다. 또한 GARE의 실무집단은 특히 기계가독 레코드의 자동처리를 촉진시키기 위해서 그러한 번호의 필요성을 도모했다. 그러나 그러한 번호가 어떻게 구성되어야 하는지, 그리고 권한이 위임된 기관에 의한 번호매김이 어떻게 통제될 것인지 하는 세부사항이 아직 성취되지 않았다.

이상에서 보는 바와 같이 GARE는 아직 완성되지 않은 지침서라고 말할 수 있다. 그러나 GARE는 유일한 국제기구의 전문학자들에 의해서 편찬된 것이고 또한 앞으로 지속적인 연구에 의해서 보완될 것이므로 우리는 이 지침을 충실히 따라야만 할 것이다.

V. 結　論

이상에서 연구한 결과를 요약하면 다음과 같다.

1) AACR에서는 최근판에 이르기까지 ICCP의 '편목원칙'을 충실히 수용하고 있으나, 다만 '인명에 대한 표목어의 선택'은 "알파벳 이외의 문자로 쓰인 저자명도 알파벳으로 표기하는 것을 원칙"으로 하고 있으므로 이것은 ICCP의 원칙을 위배하고 있다.

2) AACR2R을 비롯해서 KCR2와 세계 각국의 편목규칙이 대부분 ICCP의 원칙에 따라 '저자명기본표목원칙'을 따르고 있다. 그러나 KCR3과 KORMARC기술규칙이 모두 표목부가 없이 기술부만으로 편찬되어 있는데, KCR3에서는 마치 서명이 기본표목이 되도록 규정되어 있는 것으로 인식하게 되어 있다.

3) 우리나라의 저자명표목은 모두 한글표기 다음에 漢字人名을 기입하고 漢字코드순으로 다시 체계적으로 배열해야만 각각의 저자명이 개별화될 수 있다. 그러나 이와 같이 개별화된 漢字로 쓰인 저자명도 同名異人이 상당히 많으므로, 이러한 同名異人을 구별하기 위해서는 한자명 다음에 주제명을 부기하고, 주제명이 동일할 경우에는 그 다음에 생몰년을 부기하여 구별하는 것이 합리적인 방안이다.

4) AACR2R을 비롯해서 대부분의 편목규칙에서는 姓名 다음에 그의 생몰년을 기입하거나, 생몰년 다음에 생월일까지 기입하거나, 생몰년 다음에 저자의 전공분야를 표시하거나, 저자의 지위 등을 표시하거나, 적절한 명칭을 추가하고 있다. 그러나 일반 이용자들의 입장에서는 저자의 생몰년월이나 사회적 지위 등은 그들의 식별요소가 될 수 없고, 다만 자기가 관심을 가지는 분야 또는 전공분야와 부합

되느냐가 주요한 관건이 된다. 그러므로 저작자의 姓과 이름이 분명한 경우라도, 성명 다음에 저작자의 전공주제명을 표시하고, 同名異人으로서 전공주제도 동일한 경우에 한해서, 그 다음에 생몰년을 표시하는 것이 효과적이고 합리적인 방법이다. 그래서 전공 주제명을 표시하기 위한 정형화된 합리적인 주제명일람표를 작성하였다. 이러한 주제명일람표에 의하여 일관성 있는 주제명을 표시하여야만 한다.

5) 저자명표목을 비롯해서 지명이 포함된 표목이나 단체명표목이나 참조에 있어서도 모두 정통적인 표목이 작성될 수 있도록 표목통제를 하여야 한다. 이를 위해서는 GARE의 원칙에 따라 전거통제 레코드가 작성되고 그것이 서지기술 데이터와 손쉽게 연결될 수 있어야 한다.

6) AACR2R의 제22장 인명표목(Heading for Persons)에서 제26장 참조(Reference)까지 이들 5개의 장은 모두 그것이 기본표목이던 부출표목이던 상관없이 동일한 대상의 여러 가지의 표목과 그 형식 중에서 보다 확실하고 합리적인 표목을 선정하기 위한 규정들이다. 다시 말하면 이들은 표목의 형식이나 어떤 요건을 규정하는 것이 아니라 이용자들이 목록을 효율적으로 검색할 수 있도록 표목을 통제하는 규정들이다.

그러므로 한국편목규칙의 표목부는 크게 제1장 '기본표목의 선정', 제2장 '표목의 통제'로 구분하여 다음과 같은 원칙과 방법에 따라 정립하고자 한다.

첫째, 한국편목규칙에서 기본표목의 선정을 위한 규칙들은 우선 MCR2R의 part II chapter 21 Choice of Access Points의 기본골격을 그대로 유지하고, KCR2의 제1부 '基本記入의 選定'을 모두 수용하되, 특히 MCR2R에서 "Main entry heading"과 KCR2에서 "基本記入"이라는 용어는 모두 기본표목(main heading)이라고 수정하고, 기타의 용어들도 필요에 따라 현실적으로 부합하도록 수정 보완한다.

둘째, AACR2R이나 KCR2에서 기본표목 이외에 부출표목을 지시하는 경우가 많으나 한국편목규칙에서는 부출표목지시를 생략하고자 한다. 그 이유는 온라인 목록에서는 모든 공저자나 역자나 서명 등이 모두 접근점이 될 수 있기 때문이다.

셋째, 표목의 통제를 위한 규칙은 우선 AACR2R의 part II chapter 22 Heading for Persons부터 chapter 26 References까지의 골격을 그대로 유지하되, 이'표목의 통제'를 위한 장에서는 인명표목; 지명이 포함된 표목; 단체명표목; 통일서명 및 전거통제와 참조 등 5개의 절(節)로 다시 구분하여 규칙을 전개한다.

넷째, 표목의 통제를 위한 통제기록(control records) 혹은 전거저록(authority entry) 작성지침은 GARE에 준하되, 이 표목의 통제를 위한 레코드의 작성지침은 별도로 편찬하지 않고, 표목부의 규칙에 통합하여 편찬하는 것이 더욱 유용하고 합리적이라고 판단된다.

다섯째, 저자명의 통제표목작성에 있어서는 저자명(한글표기와 한자표기)다음에 그 저자의 전공주제명을 표시하고 同名異人으로서 전공주제도 동일한 경우에는 그의 생몰년을 기입하는 것이 더욱 유용할 것이다.

여섯째, 표목통제레코드는 별도의 데이터베이스로 만들어서 서지데이터베이스와 손쉽게 연결될 수 있도록 컴퓨터 프로그램을 설계하는 것이 더욱 유용할 것이다.

參 考 文 獻

김태수. 표목의 기능에 관한 연구. 함국문헌정보관리학회지 제12권 제2호, 1995. 12. pp. 9~35.

都台鉉. 自動化目錄에서의 전거통제. 圖書館學論集. 제18집 1991. pp. 217~243.

오동근. 編目規則과 MARC 포맷에 있어서 東洋資料의 書誌的 記述에 관한 比較分析. 박사학위논문, 중앙대학교, 1991.

오동근. 典據統制에 관한 編目理論的 考察. 도서관, V.49 No.3, 1994 pp. 31~43.

오동근. 典據레코드의 작성에 관한 研究: 특히 GARE의 韓國的 適用과 관련하여. 한국문헌정보학회지. 제27집. 1994. 12. pp.75-97.

오동근. 전거용 MARC 포맷에 관한 연구. 한국문헌정보학회지. 제30권 제1호, 1996. 3. pp. 3~18.

이병기. KORMARC를 위한 자동전거화일의 기초적 설계. 청랑정필모박사화갑기념논문집, 1990. pp. 681~717.

정필모. 온라인환경에서의 편목법. 도서관학논집, 제25집. 1996. pp. 1~18.

Anderson, Dorothy. IFLA's programme of ISBDs. *Unesco Bulletin for Libraries*. Vol.32, No.3, Mat-June, 1978.

Capenter, Michael. Does Cataloging Theory Rest on a Mistake? In: *The Origins, Content, and Future of AACR2r Revised*. ed. by Richard P. Smiraglia. Chicago: ALA, 1992. pp. 95~102.

Gorman, Michael. After AACR2R: The Future of the Anglo-American Cataloguing Rules. In: *The Origins, Content, and Future of AACR2 Revised*. ed. by Richard P. Smiraglia. Chicago ALA, 1992. pp. 89~94.

Gorman, Michael. International Standard Bibliographical Description and the New ISBDs. *Journal of Librarianship.* Vol.10, No.2, 1978. pp. 133~138.

Hagler, Ronald. The Machine-Readable Bibliographic Record in the Fifth Year of AACR2. *Singapore Libraries.* 15. 1985. pp. 1~18.

Holley, Robert P. IFLA and International Standard in the Area of Bibliographic Control. Cataloging & *Classification Quarterly,* Vol.21, No.3/4, 1996. pp. 17~35.

IFLA. *Form and structure of corporat headings.* London: IFLA International Office for UBC. 1980.

IFLA. *Guidelines for authority and reference entries.* IFLA International Programme for UBC. 1984.

IFLA. *UNIMARC/Authorities: Universal format for authorities.* London, K.G. Saur. 1991.

IFLA. *Statement of Principles Adopted at the International Conference on Cataloging Principles.* Paris, Oct., 1961. Annoted edition with commentary and examples by Eva Verona. London, IFLA Committee on Cataloguing, 1971.

IFLA. *Names of Persons: national usages for entry in catalogues.* 3rd ed. London IFLA. International Office for UBC. pp.1~193.

Kelm, Carol R. The historical development of the Second Edition of Anglo-American Cataloging Rules. *Library Resources & Technical Services.* vol.22, no.1. winter, 1978. pp. 23~24.

Kerr, Rosamond and Clarke, Tom C. The development of the International Standard Bibliographic Description(ISBD) and some problems for non-roman scripts. *Unesco Bulletin for Libraries.* Vol.31, No.4, July-August, 1977. pp. 210~215.

McCallum, Sally. Whaat Makes a Standard? Cataloging & Classification Quarterly, Vol.21, No.3/4. 1966. pp. 5~15.

Olson, Nancy B. *Cataloging Internet Resources: A Manual and Practical Guide.* 2nd ed. 1998. (http://www.oclc.org/oclc/man/9256cat/chap4.htm)

Ruschoff, Carlen. Changes to PartⅡ, Headings, Uniform Titles and References. In *The Origins, Content, and Future of AACR2 Revised.* ed. by Reichard P. Smiraglia. Chicago: ALA, 1992. pp. 78~88.

Smiraglia, Reichard P. *The Origins, Content, and Future of AACR2 Revised.* Chicago: ALA, 1992.

Tillett, Barbara B. Considerations for authority control in the online environment. In: *Authority control in the online environment: Considerations and practices.* ed. by Barbara B. Tillett. New York, Haworth Press, 1989. pp. 1~12.

Tucker, Ben R. Interpretation of 1988 Revison. In: *The Origins, Content, and Future of AACR2 Bevised.* ed. by Rechard P. Smiraglia. Chicago: ALA, 1992. pp. 39~42.

Wajenberg, Arnold S. The Future of Cataloging Standards. In: *Illinois Libraries.* v.72, no.6, 1990. pp. 494~497.

Winke, R. Conard. Discarding the Main Entry in Online Cataloging Environment. Cataloging & *Classification Quarterly.* vol.16, no.1, 1993. pp. 53~70.

ABSTRACT

A Study on Rules for Headings in the Korean Cataloging

Rules

By Ok-Kyung Jeong

Dept. of Library & Information Science

The Graduate School

Chung-Ang University

The purpose of this study is to devise a rational rules for headings in new Korean Cataloging Rules.

To achieve this purpose, this study has analyzed the Statement of Principles of ICCP, AACR, AACR2, AACR2R, KCR2, KCR3, KORMARC on Disc etc. And then it studied the problems resulting from the analysis and devised a new and rational cataloging rules for headings. The results of the study are as follows:

1. The Cataloging Rules of ICCP are accepted faithfully in AACR, from the 1st edition to the latest edition. But in the choice of word for personal name, the rule makes to write in Roman alphabet for the author whose name is written in language else Roman alphabet. So it is gotten out of the principles of ICCP.

2. AACR2R, KCR2 and cataloging rules from worldwide followed mostly 'the principles of main heading for personal name' by ICCP. But KCR3 and KORMARC Description Rules have only descriptive cataloging rules without rules for headings. And KCR3 prescribed the title to be main heading.

3. The personal name in Korea can be individualized only by the name written in Hangul and then the name written in Hanja (漢字). But sometimes, many different persons have a same name. And so to distinguish those different persons of the same nanle, it needs to be add a subject name belong to the author, after his name. And if the subject name is the same, it needs to be add the person's date(birth, death, etc) after the subject name.

4. To indicate the subject name belong to author, it must be compiled a rational list of subject name. And so the author have devised a rational subject name list.

5. In the headings of personal name, headings which including place name, headings of corporate bodies, and references, all headings must be controlled. To control the headings, it needs the authority control record. The authority control record must be described according to principles of GARE, and it must be easily linked up with bibliographic description data.

6. From chapter 22 Heading for Persons of AACR2R to chapter 26 References, all rules of these five chapters are the rules to chose more reliable and practical heading among various headings and forms of the same object, in regardless whether they are main headings or added headings. In other words, these are the rules to control the headings so that the users may efficiently search the catalog.

And then, the rules for headings of the Korean Cataloging Rules are divided into 2 chapters; chapter 1 choice of main heading and chapter2 control of headings. And the rules will be prescribed as following principles and methods:

First, the rules for choosing main heading will retains the frame of the Chapter 21 Choice of Access Points in MCR2R, and accommodates the KCR2 Part 1 Choice of main entry, but both the words "main entry heading" of AACR2R and "main entry" of KCR2 are amended for"heading."

Second, in the rules for headings of Korean Cataloging Rules, the indication for added headings will be omitted. The reason why all collaborate authors, translators or titles can be access points in on-line catalog.

Third, the rules for control of headings retains the frame from Chapter 22 Heading for Persons to Chapter 26 References of AACR2R, and this chapter will divided into five sections: Heading for persons, heading including place names, heading for corporate body, uniform title, authority control and references.

Forth, the guideline for authority control or authority entry to control the headings will be based upon GARE. But the guideline will be integrated in the rules for headings.

《중앙대학교. 1999. 8 박사학위논문》

• 鄭馺謨敎授指導 博士學位 論文 15 •

한국편목규칙의 표목부에 관한 연구

● 초판인쇄	2005년 1월 10일
● 초판발행	2005년 1월 15일
● 지 은 이	최정희
● 펴 낸 이	채종준
● 펴 낸 곳	한국학술정보(주)
	경기도 파주시 교하읍 문발리 파주출판정보산업단지 526-2
	전화 031) 908-3181(대표)·팩스 031) 908-3189
	홈페이지 http://www.kstudy.com
	e-mail (e-Book 사업부) ebook@kstudy.com
● 등　　록	제일산-115호(2000. 6. 19)
● 가　　격	7,000원

ISBN　89-534-2230-2 94020　(Paper book)
　　　　89-534-2231-0 98020　(e-book)
　　　　89-534-2200-0 94020　(Paper set)
　　　　89-534-2201-9 98020　(e-book set)